AF875690

Chancen sehen und VERÄNDERUNGEN MEISTERN in der Kita-Praxis

IMPRESSUM

ISBN: 978-3-96046-227-9

Professionell und stark in der Kita

Chancen sehen und Veränderungen meistern in der Kita-Praxis
Übungen, Praxiswissen und Impulse für mehr Souveränität

Redaktion	Myriam Bork
Autorin	Alexandra Karr-Meng
Gestaltung und Satz	DOPPELPUNKT, Stuttgart
Druck	Grafik Media Produktionsmanagement, Köln

Klett Kita GmbH
Rotebühlstr. 77
70178 Stuttgart
www.klett-kita.de

Für jedes Material wurden Rechte nachgefragt. Sollten dennoch an einzelnen Materialien weitere Rechte bestehen, bitten wir um Benachrichtigung.

© 2023 Klett Kita GmbH, Stuttgart. Alle Rechte vorbehalten.

BILDNACHWEIS

Cover: Gettyimages.de/undrey
Monster und Strichmännchen: Freepik.de
Rahmen: Freepik.de/rawpixel.com

INHALT

VORWORT: DAS LEBEN IST VERÄNDERUNG

„Wer immer tut, was er schon kann, bleibt immer das, was er schon ist.

(Henry Ford)"

Veränderungen wird es immer geben, sie begleiten uns ein Leben lang. Gerade in den letzten Jahren haben wir bemerkt, wie schnell es gehen kann. Wir fühlen uns sicher, sind zufrieden, haben Routinen entwickelt und plötzlich passiert eine Kleinigkeit, die eine große Wirkung mit sich zieht, und unser Leben steht Kopf.

In Ihrem Beruf als pädagogische Fachkraft gehören Veränderungen zum Alltag. Sie arbeiten mit Kindern, da verläuft kein Tag wie der andere und vieles ist nicht planbar. Dazu kommen noch häufig wechselnde Vorschriften, täglicher Stress, Personalmangel, eine hohe Arbeitsbelastung und schon kommt man an seine Grenzen.

Die gesamte Welt dreht sich schneller. Was gestern noch richtig war, scheint heute falsch. Durch die Digitalisierung nimmt unser Leben noch mehr Fahrt auf. Dies hat durchaus Vorteile. Doch das zunehmende Tempo fordert uns auch heraus: Informationen fließen schnell, wir sind ständig und überall erreichbar, Multitasking gehört zum Alltag.

Wenn es in Ihrem Berufs- und Privatleben turbulent zugeht, Sie wenig Zeit für sich haben und von einer Aktion zur nächsten hetzen, leidet Ihre innere Balance; Sie können aus dem Gleichgewicht geraten – mit erheblichen Folgen für Ihre Gesundheit.

Veränderungen sind nie einfach, sie fordern uns heraus. Doch wir können ihnen offen, neugierig und mutig begegnen und uns Stück für Stück mit ihnen anfreunden, denn Veränderungen sind wichtig, ohne sie würde die Welt stillstehen. Stellen Sie sich doch einmal vor, wo wir heute wären, gäbe es keine Menschen, die die Welt verändert hätten. Die Erfindung der Glühbirne, des Autos, der Waschmaschine, des Internets – ohne diese Dinge würden wir vielleicht immer noch am Lagerfeuer sitzen, unser Essen sammeln oder selbst erlegen, unsere Wäsche im Fluss waschen … Vielleicht denken manche von Ihnen jetzt: „Gar keine schlechte Idee, das Leben wäre wesentlich entspannter." Definitiv, doch dann hätten wir gewiss andere Probleme.

Wir werden uns dem Fortschritt nicht entziehen können, Veränderungen sind Teil unseres Lebens. Deshalb ist es wichtig, sich ihnen zu stellen und sie anzunehmen. Sie müssen sie nicht gleich mit offenen Armen empfangen und dürfen durchaus kritisch sein, doch Sie sollten ihnen eine Chance geben. Denn jede Veränderung bietet uns Chancen, auch wenn wir diese nicht auf den ersten Blick erkennen.

Das Gute ist, dass man lernen kann, mit Veränderungen umzugehen. Man wird sicherer, entwickelt Routinen, erkennt seine Möglichkeiten und Grenzen und wird zunehmend souveräner.

In diesem Workbook zeige ich Ihnen, wie Sie die großen und kleinen Veränderungen im Leben souverän meistern. Sie lernen die Kurve der Veränderung mit ihren Höhen und Tiefen kennen, erhalten Impulse, wie es Ihnen gelingt, mit Veränderungen umzugehen, und erkennen, welche Rolle Ihre innere Haltung bei jeder Veränderung spielt.

Also, packen wir's an. Wir können die Windrichtung zwar nicht bestimmen, aber wir können unsere Segel setzen.

Herzliche Grüße
Alexandra Karr-Meng

www.karr-meng-coaching.de

Alexandra Karr-Meng wurde 1974 in Saarbrücken geboren und lebt mit ihrer Familie im saarländischen Neunkirchen. Seit 2004 hat sie ihre Leidenschaft für Menschen zum Beruf gemacht und arbeitet als Systemische Beraterin, Coach und Trainerin. Sie unterstützt Unternehmen und Menschen in den Themenbereichen Resilienz, Change Management, Führung, Teamentwicklung, Kommunikation und Achtsamkeit. Als Autorin veröffentlichte sie die Bücher „Kinder achtsam erziehen" und „Weniger schimpfen, weniger schreien" im Humboldt-Verlag. Darüber hinaus erscheinen regelmäßig Beiträge im Saarländischen Rundfunk und bei Klett Kita.

GROßE UND KLEINE VERÄNDERUNGEN

Veränderungen sind vielfältig und ein Teil unseres Lebens. Wir können uns ihnen nicht entziehen. Verändern heißt, sich zu wandeln, etwas anderes zu tun als bisher. Doch oft sind wir nicht gerade begeistert von Veränderungen. Die meisten Menschen schätzen ihr gewohntes Lebensumfeld, die bekannten Arbeitsbedingungen, die einschätzbaren Kolleg:innen, die alltäglichen Routinen. Das heißt nicht unbedingt, dass sie damit auch zufrieden sind. Doch im Laufe der Zeit stellt sich eine gewisse Bequemlichkeit ein und wir scheuen die Veränderung, da diese immer mit Aufwand verbunden ist. Wir müssen uns anpassen, neue Dinge lernen, lieb gewonnene Gewohnheiten loslassen. Das löst nicht unbedingt Freude aus und so verharren wir lieber im alten Trott, als uns in die Unsicherheit der Veränderung zu begeben.

UNVERHOFFT KOMMT OFT

Und doch treten täglich Situationen auf, in denen größere und kleinere Veränderungen notwendig sind: Morgens hat Ihr Lieblingskleid plötzlich einen Fleck, auf der Autobahn gibt es eine Vollsperrung oder die Bahn streikt spontan. Endlich in der Kita angekommen, stellen Sie fest, dass drei Teammitglieder ausfallen, in der Teambesprechung gibt die Leitung bekannt, dass größere Umstrukturierungen in der Kita anstehen, und die Kollegin aus Ihrer Gruppe gibt ihren Abschied bekannt … Die Liste ließe sich endlos fortführen. Jeden Tag müssen wir uns immer wieder neu auf Herausforderungen einstellen.

Im Englischen spricht man häufig von Change-Management (*change* = Veränderung). Dies bedeutet, eine gewisse Struktur für Veränderungen zu entwickeln.

ORGANISATION VERSUS EMOTION

Auf der einen Seite bedeutet Veränderung, dass sich Strukturen verändern. Wir müssen den Tag oder unser Leben neu planen. Lernen neue Abläufe, probieren aus, stellen fest, dass es nicht passt, und verändern wieder. Dies machen wir so lange, bis wir neue Strukturen entwickelt haben, die zu uns und unserem Leben passen. Hier geht es im Großen und Ganzen darum, sich neu zu organisieren und sich gut aufzustellen.

Auf der anderen Seite bedeuten Veränderungen aber auch, dass sich unsere Denkweise und Werte verändern. Was uns bisher wichtig war, ist vielleicht jetzt nicht mehr gefragt. Kompetenzen, die wir besitzen, werden nicht mehr benötigt. Ein neues Verhalten wird von uns verlangt und es wird erwartet, dass wir uns als Persönlichkeit verändern. Dies ist natürlich sehr schwer. Es fällt uns schon nicht leicht, Strukturen zu verändern, doch wenn es um unsere Persönlichkeit geht, sind Mut, Stärke und Willenskraft gefragt.

Beispiel: Plötzlich digital

Der Träger der Kita Morgenrot hat beschlossen, die Einrichtungen zu digitalisieren. Es soll möglichst papierlos gearbeitet werden. Das heißt konkret, dass alle Elterngespräche digital vorbereitet werden, Einladungen per Mail versandt werden, Online-Gespräche angeboten werden und das Portfolio auch digital gestaltet wird. Zum Abschluss der Kita-Zeit erhält jedes Kind einen USB-Stick mit seinen Unterlagen. Der Träger stellt das neue Konzept in der Kita vor und erklärt die Umsetzungsschritte, Weiterbildung und Einarbeitung. Er berücksichtigt dabei nicht, dass von dieser Veränderung nicht alle Mitarbeiter:innen begeistert sind. Nicht jeder ist digital affin, manche haben Angst, andere sind unsicher und wieder andere sind gerne kreativ tätig, möchten weiter mit den Kindern basteln und malen. Dies führt zu großem Unmut beim Personal.

Viele Veränderungen in Unternehmen scheitern daran, dass das Team zwar auf Organisationsebene informiert und der Veränderungsprozess sowie das gewünschte Ergebnis erklärt wird – die Menschen aber nicht mitgenommen werden. Leider hat der Träger im Beispiel die Emotionen, die Veränderungen auslösen, überhaupt nicht berücksichtigt. Eine Veränderung kann nur erfolgreich sein, wenn beide Seiten organisatorisch wie emotional gut vorbereitet sind – sonst kann das Team nicht hinter den Neuerungen stehen. Auch im privaten Bereich ist das meist so. Stellen Sie sich vor, Sie möchten abnehmen: Sie überlegen sich, wie Sie sich künftig ernähren möchten, planen den Einkauf, organisieren ein Sportprogramm, kontrollieren Ihr Gewicht sowie die Kalorienzufuhr. Doch Sie vergessen Ihre mentale Verfassung. Was machen Sie, wenn der Heißhunger kommt oder Sie so gestresst sind, dass nur noch Schokolade hilft? Die Organisation ist wichtig, doch die emotionale Seite ist entscheidend für ein positives Ergebnis.

REFLEXION

AUSWIRKUNGEN VON VERÄNDERUNGEN

1. Welche Veränderungen stehen derzeit bei mir an?

2. Was verändert sich dadurch organisatorisch?

3. Was verändert sich emotional?

WIE GEHE ICH MIT VERÄNDERUNGEN UM?

„Wer ständig glücklich sein möchte, muss sich oft verändern.
(Konfuzius)"

Wir leben in einer schnelllebigen Zeit, die uns täglich aufs Neue fordert. Dies erleben Sie jeden Tag in der Kita und im Privatleben. Unentwegt werden wir mit kleinen und großen Veränderungen konfrontiert, auf die wir uns einstellen sollen. Jeder Mensch geht unterschiedlich mit diesen Veränderungen um. Manchen Menschen machen neue Situationen Angst. Sie fühlen sich überfordert und können sich nur schwer darauf einlassen. Andere Menschen wiederum brauchen ständig Veränderung im Leben. Sie freuen sich darauf und begegnen neuen Situationen neugierig und offen. Das Spektrum ist natürlich weit, aber an den Enden stehen die zwei Extreme: die Bewahrer und die Befürworter.

Die Bewahrer

Sie halten an Altem fest und lehnen Veränderungen ab. Bewahrer mögen gewohnte Abläufe, wollen keine Veränderung, fühlen sich wohl und sicher, wenn alles in festen Strukturen verläuft. Veränderungen werfen sie schnell aus der Bahn und machen ihnen Angst. Sie können schlecht loslassen und haben Probleme, sich von Dingen zu trennen. Das Gute an den Bewahrern ist, dass sie zuverlässig und vertrauenswürdig sind. Man kann sich auf sie verlassen, sie kennen sich gut aus, haben ein breites Wissen und bewahren Dinge auf.

Die Befürworter

Sie lieben die Veränderung, sind neugierig, kreativ, offen und immer auf der Suche nach neuen Dingen. Wenn es ruhig ist und sich nichts tut, wird ihnen schnell langweilig und sie suchen sich neue Spielfelder. Dies hat natürlich den Nachteil, dass sie schnell ungeduldig werden, wenn es nicht vorangeht. Das Gute an den Befürwortern ist, dass sie schnell sind, kreative Lösungen entwickeln und durch ihre Begeisterung Menschen mitreißen können.

Vielleicht werden Sie jetzt denken, dass die Haltung immer situationsabhängig ist. Da stimme ich Ihnen zu. Doch haben wir eine bestimmte Grundhaltung in uns. Diese wurde seit unserer Kindheit geprägt. Manche Menschen sind grundsätzlich offener für Veränderungen als andere.

KEIN RICHTIG ODER FALSCH

Keine dieser beiden Haltungen gegenüber Veränderungen ist richtig oder falsch. Wenn Veränderungen anstehen, brauchen wir immer beide Seiten. Nicht alles Neue ist richtig und immer der beste Weg. Deshalb ist es gut, wenn die Bewahrer Dinge hinterfragen, kritisch damit umgehen und uns vor Augen führen, dass an dem Alten nicht alles schlecht war. Genauso wichtig ist es aber auch, dass die Befürworter sich für die Veränderung begeistern können, die Vorteile sehen, eine Vision haben und diese vorantreiben. In jedem Team gibt es Bewahrer und Befürworter. Das ist gut, denn die Mischung macht´s. Wenn in Ihrer Einrichtung nur Bewahrer arbeiten würden, gäbe es keine Neuerungen und Sie würden wahrscheinlich noch nach den pädagogischen Standards vergangener Jahre arbeiten. Wären in Ihrem Team nur Befürworter, wäre es sehr unruhig. Ständig würde Neues ausprobiert, getestet und wieder verworfen werden. Beide Extreme führen zu Unzufriedenheit.

Beispiel: Veränderungsbereitschaft

Testen Sie doch einmal, wie veränderungsbereit Sie sind. Dies können Sie an kleinen Alltagsritualen erkennen. Was essen Sie morgens zum Frühstück?

Gehören Sie zu den Menschen, die jeden Tag das Gleiche essen und immer genügend davon zu Hause haben? Dann wird es Ihnen nicht gefallen, wenn plötzlich Veränderungen auftreten und Sie sich am frühen Morgen an etwas Neues gewöhnen müssen. Oder essen Sie zum Frühstück ganz unterschiedliche Dinge? Überlegen Sie, worauf Sie Lust haben, lassen Sie sich von Rezepten inspirieren oder frühstücken Sie doch mal außerhalb. Dann wäre es für Sie sicherlich undenkbar, täglich Müsli zum Frühstück zu essen.

Wenn Sie Ihren Alltag unter die Lupe nehmen, erkennen Sie ganz schnell, ob Sie eher zum Bewahrer oder zum Befürworter neigen oder eine Mischung aus beidem sind. Ganz egal, zu welcher Gruppe Sie gehören, ist es gut, einen Blick über den Tellerrand zu werfen. Versuchen Sie doch einmal, Ihre Perspektive zu wechseln. Als Bewahrer können Sie damit beginnen, einen Tag in der Woche etwas anderes zu frühstücken. Lassen Sie sich inspirieren oder gehen Sie mit Freunden zum Brunch. Als Befürworter können Sie ein Frühstücksritual entwickeln und mehr Planbarkeit in Ihr Leben integrieren.

Es wird immer wieder Veränderungen in Ihrem Leben geben, in denen es gut ist, an Gewohnheiten festzuhalten und dadurch Sicherheit zu bekommen. Manchmal ist es aber auch nötig, loszulassen und Neues auszuprobieren. Beginnen Sie mit kleinen Alltagsdingen, dann fällt es nicht so schwer!

REFLEXION

BEWAHREN ODER LOSLASSEN

Wie viel Bewahrer und Befürworter steckt in mir?

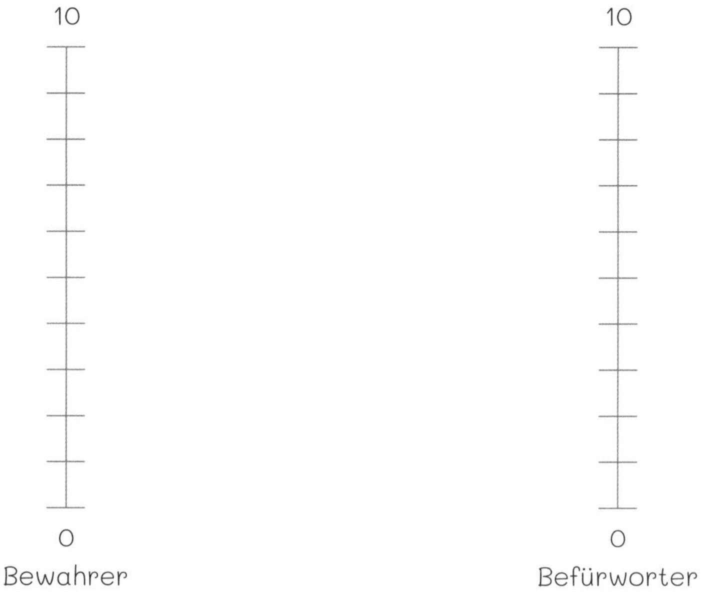

An welchen Situationen halte ich fest?

Für welche Veränderungen bin ich offen?

Was könnte ich loslassen?

Was möchte ich bewahren?

DIE VERÄNDERUNGSTREIBER

Es gibt immer jemand oder etwas, das uns antreibt: die Veränderungstreiber. Ein Veränderungstreiber können wir selbst sein. Wir sind unzufrieden mit unserem Leben und beschließen, dass sich etwas verändern muss. Wir initiieren Dinge, damit sich etwas bewegt – die Veränderung kommt also von innen und bringt ein gewisses Veränderungsvermögen mit. Die Veränderung kann aber auch von außen kommen und plötzlich entsteht eine Veränderungsnotwendigkeit, auf die wir gar nicht vorbereitet sind.

Veränderungstreiber

Veränderungsnotwendigkeit: Die Veränderung kommt von außen und wir müssen uns verändern. Das kann Widerstände und Unmut auslösen.

Veränderungsvermögen: Wir initiieren die Veränderung selbst, haben erkannt, dass sie notwendig ist, und wollen diese Veränderung. Wir fühlen uns ihr gewachsen, auch wenn wir davon nicht begeistert sind.

Beschließen wir selbst, dass sich etwas verändern muss, beschäftigen wir uns intensiv mit dem Thema. Wir setzen uns gedanklich damit auseinander, wägen Vor- und Nachteile ab und machen uns die Konsequenzen bewusst: Stellen Sie sich ein Getriebe mit vielen kleinen und großen Zahnrädern vor. Drehen Sie an einem Zahnrad, bewegen sich die anderen; ist ein Rad defekt, hakt es im gesamten Getriebe.

VORBEREITET IN DIE VERÄNDERUNG

Der Vorteil, den von innen kommende Veränderungen haben, ist ganz klar der Zeitvorsprung. Wir können uns auf die Veränderung vorbereiten und haben im Vorfeld Zeit, sie zu durchdenken. Das heißt aber nicht, dass wir alle Risiken abschätzen können. Es gibt Veränderungen, die wir selbst anstoßen, mit denen wir dann aber unglücklich sind. Man kann eine Veränderung nie bis ins letzte Detail planen. Es wird immer Dinge geben, die wir nicht berücksichtigt haben. Denn keiner weiß genau, wie die anderen Zahnräder im Getriebe reagieren.

WENN PLÖTZLICH ALLES KOPF STEHT

Die meisten Veränderungen, die von außen auf uns zukommen, treffen uns unerwartet oder unvorbereitet. Das kann ein Unfall, eine Kündigung, eine Erkrankung und vieles mehr sein. Wir werden dann mit dem Ergebnis konfrontiert und es wird erwartet, dass wir uns auf die Veränderung einstellen. Durch manche Veränderungen werden wir buchstäblich aus unserem gewohnten Leben gerissen und plötzlich ist nichts mehr, wie es einmal war. Alles steht Kopf und da ist es völlig normal, dass man sich auf diese Veränderung nicht sofort einlassen kann. Man ist vielmehr wütend, hadert und hinterfragt das Geschehene.

Beispiel: Plötzlicher Wechsel

Susanne wird von der Leiterin der Kita informiert, dass sie zukünftig in der Krippengruppe eingesetzt wird. Susanne hat die Zusatzausbildung zur Krippenfachkraft, arbeitet aber schon seit vier Jahren schwerpunktmäßig mit den Vorschulkindern. Die Arbeit macht ihr viel Spaß und fordert sie. Sie arbeitet gerne mit der Kooperationslehrerin zusammen und ist sehr engagiert. Als sie die Nachricht erfährt, ist sie richtig wütend und fragt sich, warum gerade sie die Gruppe wechseln soll. Klar weiß sie, dass die bisher eingesetzte Kollegin wegen Beschäftigungsverbots ausfällt. Doch es gibt noch sieben andere Erzieherinnen in der Einrichtung. Warum kann keine andere Kollegin wechseln? Sie geht zur Leiterin und spricht das Thema an, doch ihre Entscheidung ist gefallen. Susanne muss dies akzeptieren und denkt: „Ab heute mache ich nur noch Dienst nach Vorschrift, wenn es mir morgens einmal nicht so gut geht, bleibe ich einfach zu Hause!"

Hand aufs Herz: Natürlich können wir Susannes Frust nachvollziehen. Sie kommt gut im Job zurecht und soll etwas tun, was andere in der Einrichtung sicher auch machen könnten. Dort, wo sie besonders gut war, soll sie weg. Aber: Das ist nur die eine Seite. Auf der anderen Seite könnte dies auch ein Zeichen der Vorgesetzten sein, dass sie Susanne viel zutraut. Sie hat Susanne souverän und ausgeglichen erlebt. Sie wählt Susanne, weil sie sich auf sie verlassen kann – doch hat sie das Susanne auch so mitgeteilt?

MEISTER:INNEN DER VERDRÄNGUNG

Andere Veränderungen von außen sehen wir durchaus kommen, wollen sie jedoch vielleicht nicht wahrhaben. Auch wenn die Entscheidung plötzlich kommt, gab es eigentlich schon Anzeichen, dass etwas nicht stimmt. Wir verdrängen diese Anzeichen häufig und hoffen, dass es sich wieder bessert. Wenn die Veränderung dann eintritt, tun wir so, als hätten wir vorher nichts davon bemerkt. Doch wenn wir ehrlich zu uns selbst sind, wissen wir ganz genau, woran es lag.

ÜBUNG

VOR- UND NACHTEILE ERMITTELN

Wenn Sie künftig eine Veränderung anstoßen möchten, nehmen Sie sich Zeit und sammeln Sie die Vor- und Nachteile, die die Veränderung mit sich bringt.

Was möchte ich verändern?

Welche Auswirkungen hat die Veränderung?

Vorteile	Nachteile

EMOTIONEN BEGLEITEN VERÄNDERUNGEN

Veränderungen haben immer eine große Unbekannte im Gepäck und das sind unsere Emotionen. Veränderungen sind hochemotional und diese Emotionen, ob positiv oder negativ, kommen ungebremst zum Vorschein. Das kann sehr schön sein, Freude bereiten und beflügeln. Es kommen aber auch Reaktionen zum Vorschein, an die wir nie gedacht hätten.

Positive Emotionen

- Freude/Glück
- Bestätigung
- Neugier
- Zufriedenheit
- Sicherheit
- Erfolg
- wachsendes Selbstbewusstsein

Negative Emotionen

- Unsicherheit
- steigende Belastung
- wachsender Druck
- Angst
- Wut
- Hilflosigkeit
- Trauer

Bei Veränderungen, die von innen kommen, treten im ersten Moment positive Emotionen auf. Wir sind stolz, den Schritt getan zu haben, bekommen Bestätigung und sind neugierig auf das, was kommt. Das bedeutet jedoch nicht, dass keine negativen Emotionen auftreten können. Obwohl man sich selbst zur Veränderung entschlossen hat, kann einem die Veränderung Angst machen oder man trauert um das, was man dadurch verliert.

Wenn die Veränderung von außen kommt, dominieren die negativen Emotionen. Häufig fühlt man sich hilflos und wütend. Man hat das Gefühl, ein Spielball zu werden und nicht handlungsfähig zu sein. Im Laufe der Zeit verändern sich auch hier die Emotionen und man erkennt, dass man die Veränderung bewältigen kann, fühlt sich sicherer und selbstbewusster.

LASSEN SIE EMOTIONEN ZU

Die Emotionen, die uns bei jeder Veränderung begleiten, sollten wir nicht verdrängen. Es ist wichtig, dass wir sie zulassen und mit ihnen arbeiten. Wenn Sie Bedenken haben oder einen gewissen Druck verspüren, lassen Sie sich Zeit. Keiner kann von Ihnen erwarten, dass Sie die Veränderung innerhalb von 2 Tagen verdaut haben und nach vorne blicken. Lassen Sie sich bitte auch nicht einreden, dass das ja alles nicht so schlimm sei. Das ist bestimmt ein gut gemeinter Rat, doch niemand kann beurteilen, wie es Ihnen mit der Veränderung geht. Jeder Mensch reagiert anders auf Veränderungen. Die Emotionen fallen unterschiedlich stark aus und daher kann man schwer beurteilen, was im Gegenüber vorgeht.

Am Ende eines Veränderungsprozesses ist man definitiv erfahrener. Je mehr Veränderungen man durchlebt, desto mehr Routine hat man damit. Bei jeder Veränderung sammeln wir Erfahrungen und erweitern unseren Horizont. Wenn wir im Nachgang die Erfahrungen aufarbeiten und daraus lernen, sind wir gut auf die nächste Veränderung vorbereitet. Außerdem wächst mit jeder durchlebten Veränderung unser Selbstbewusstsein. Egal wie schwierig die Veränderung war, nach einer gewissen Zeit wird uns bewusst, wie sehr sie uns gefordert hat. Wir erkennen, welche Stärken wir besitzen, auf die wir stolz sein können. Dies ist eine gute Grundlage für die nächste Veränderung, die bestimmt bald ansteht.

ÜBUNG

EMOTIONALE MOMENTE

Denken Sie über die drei Fragen nach und tragen Sie Ihre Antworten in die Tabelle ein:

- **Welche Veränderungen gab es bisher in meinem Leben?**
- **Was war der Auslöser?**
- **Welche Gefühle habe ich wahrgenommen?**

Veränderung	**Auslöser**	**Gefühle**
Weiterbildung	Unzufriedenheit von meiner Seite	Unsicherheit, Freude, Stolz

VERÄNDERUNGEN WECKEN ÄNGSTE – AUCH DIE POSITIVEN!

Veränderungen machen den meisten Menschen Angst und das ist ganz normal. Wir leben unser gewohntes Leben, haben feste Abläufe und Strukturen und plötzlich passiert etwas, das diese völlig auf den Kopf stellt. Nichts ist mehr, wie es einmal war und wir müssen wieder von vorne anfangen. Natürlich sind wir dann unsicher, können die Situation nicht einschätzen und wissen nicht, ob wir dieser gewachsen sind. Das schürt Urängste in uns. Wir haben Angst zu scheitern und fühlen uns, als würden wir vor einem riesigen Berg stehen, den wir nicht bewältigen können.

Beispiel: Die große Chance

Lotta arbeitet seit 4 Jahren in der Kita Schneckenhaus. Sie fühlt sich dort sehr wohl, versteht sich mit den Kolleg:innen und liebt die Arbeit mit Kindern. Bei einem Personalgespräch sagt die Leitung Lotta, dass sie ihr Potenzial erkennt, sie fördern möchte und sie ihr eine Weiterbildung ermöglicht. Sie bietet Lotta die stellvertretende Leitung an. Lotta freut sich über diese Chance, ist aber sehr unsicher, ob sie diese nutzen möchte. Sie hat Angst zu versagen, die Rolle nicht ausfüllen zu können und mit den künftigen Aufgaben und der Weiterbildung überfordert zu sein. Sie ist glücklich mit ihrem bisherigen Job und weiß nicht, ob sie das Angebot annehmen soll. Sie erkennt aber auch, dass dies eine große Chance ist. Wie soll sie diese Herausforderung meistern?

Lotta werden tolle Möglichkeiten eröffnet, doch sie hat Bedenken und das ist verständlich. Sie soll ihr sicheres Terrain als pädagogische Fachkraft verlassen und Leitungsaufgaben übernehmen.

WARUM MACHT UNS UNBEKANNTES ANGST?

Unser Gehirn liebt Routinen. Das sind automatisierte Abläufe wie etwa Zähne putzen. Dabei muss es nicht aktiv werden und es verbraucht wenig Energie. Dinge, die wir gewohnt sind, uns vertraut sind, spulen wir einfach ab, ohne groß darüber nachzudenken. Wenn wir neue Dinge ausprobieren, müssen wir erst etwas lernen und verinnerlichen. In unserem Gehirn sind dafür noch keine Synapsen angelegt. Diese entwickeln sich von Tag zu Tag. Anfangs sind die neuen Synapsen wie schmale Trampelpfade in unserem Gehirn und mit jeder Wiederholung werden sie breiter und dicker. Irgendwann werden sie zu einer gut ausgebauten Autobahn und wir haben eine Routine entwickelt. Das braucht Zeit und Energie. In der Regel dauert es 30 Tage, bis unser Gehirn sich an Neuerungen gewöhnt und sie zur Routine werden.

Unser Gehirn möchte am liebsten bei seinen gewohnten Abläufen bleiben und keine neue Energie aufwenden – selbst bei positiven Veränderungen, wie im Fall von Lotta. Wenn wir uns jedoch Zeit nehmen und uns intensiv damit beschäftigen, erkennen wir die Chancen und sind bereit, neue Wege zu gehen.

DIE KURVE DER VERÄNDERUNG

Stehen Veränderungen an, laufen diese – auf der emotionalen Ebene – immer nach einem ähnlichen Muster ab. Dieses Muster kann man in der Veränderungskurve ablesen. Veränderungen verlaufen in Wellen, es gibt immer Hochs und Tiefs. Dabei gehen wir durch drei verschiedene Phasen.

Phase 1: Loslassen (Schock und Widerstand)

In der ersten Phase der Veränderung geht es ums Loslassen: der Schock muss verdaut, Widerstände müssen erkannt werden. Diese Phase trifft uns am heftigsten, da sie den Überraschungseffekt auf ihrer Seite hat und uns mit Dingen konfrontiert, die wir nicht erwartet haben.

Phase 2: Neutrale Zone (rationale Einsicht und emotionale Akzeptanz)

In der neutralen Zone befinden wir uns in einer Zeit des Umbruchs. Wir haben uns von dem Alten noch nicht verabschiedet, haben aber realisiert, dass das Neue kommen wird. Stellen Sie sich vor, Sie wollen einen Fluss überqueren. Sie stehen auf der einen Seite des Ufers und überlegen noch, wie Sie auf die andere Seite kommen und ob Sie überhaupt auf die andere Seite wollen. Zuerst tauchen Sie Ihre Fußspitzen ins Wasser, dann das ganze Bein. Vielleicht gehen Sie auch noch mal zurück und nehmen sich doch ein Boot, da das Wasser viel zu kalt zum Schwimmen ist. Wenn Sie am anderen Ufer sind, wissen Sie noch nicht genau, was Sie dort erwartet. Sie schauen noch einmal zurück und vermissen das Bekannte. Diese Phase ist emotionsgeladen, ein ständiges Auf und Ab. Sie wird begleitet von Unsicherheit, Trauer und Ängsten. Sie ist die unangenehmste, aber auch die wichtigste Phase bei Veränderungen. Am liebsten würden wir sie überspringen; dies führt jedoch zu nichts. Denn nur, wenn wir sie durchleben, gelingt uns der Neubeginn.

Phase 3: Neuanfang (Ausprobieren und Integration)

Es ist geschafft, Sie haben das Schlimmste überstanden und es geht wieder aufwärts. Sie sind bereit, sich der Veränderung zu stellen und wieder nach vorne zu schauen. In der Phase des Neuanfangs geht es darum, sich neu aufzustellen, auszuprobieren, Erkenntnisse zu sammeln und diese in den Alltag zu integrieren. Diese Phase ist sehr spannend und wird begleitet von positiven Emotionen. Manchmal erleiden Sie auch kleine Rückschläge, doch diese schwächen Ihre Motivation nicht und irgendwann entwickelt sich eine neue Routine.

VERÄNDERUNGSKURVE

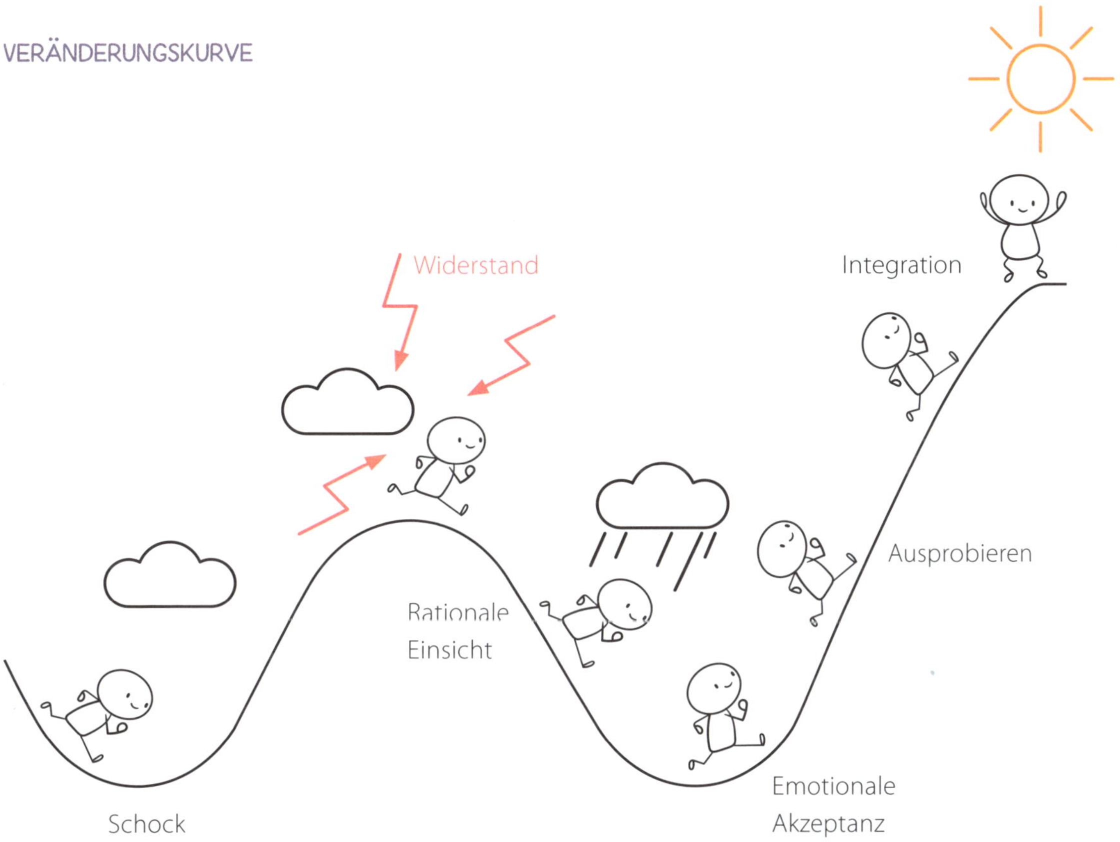

VERÄNDERUNGSMUSTER

Wir durchleben diese Kurve bei jeder noch so kleinen Veränderung. Stellen Sie sich vor, Sie stehen morgens am Bahnhof und alle Züge fallen wegen eines Unfalls auf der Strecke aus. Sie müssen unbedingt in die Kita, da Personalmangel herrscht.

Zuerst kommt der Schockmoment: *Es fahren keine Züge, was soll ich machen? Danach der Widerstand: Das ist eine Unverschämtheit, auf die Bahn ist wirklich kein Verlass. Künftig fahre ich Fahrrad!*

Wenn wir diesen überwunden haben, folgt die rationale Einsicht: *Die Bahn fährt nicht, egal wie sehr ich mich aufrege, ich muss eine Lösung finden.* Darauf folgt die emotionale Akzeptanz: *Das ist richtig blöd, es ärgert mich und macht mir unnötig Stress, doch es muss eine Alternative geben.* Schließlich fangen Sie an auszuprobieren. Sie überlegen, ob Sie zu Fuß gehen können, gemeinsam ein Taxi rufen oder nach Hause gehen und sich Ihr Fahrrad schnappen. Zum guten Schluss kommen Sie mit etwas Verspätung in der Kita an, haben aber für den nächsten Bahnausfall einen guten Plan entwickelt. So eiskalt wird es Sie nie mehr erwischen.

Vielleicht erkennen Sie sich in einigen Punkten wieder und haben Situationen vor Augen, in denen Sie die Kurve schon einmal erlebt haben. Wir erleben diese täglich, manchmal dauert sie nur eine Minute und manchmal ein ganzes Jahr. Es kommt immer auf die Veränderung an. Wir können auch mehrere Kurven parallel erleben, denn häufig verändert sich ja nicht nur eine Sache in unserem Leben.

JEDER IN SEINEM TEMPO

Die Phasen der Veränderungskurve durchläuft jeder Mensch. Es ist nur unterschiedlich, wie lange man dafür benötigt. Gibt es zum Beispiel eine Änderung am Konzept Ihrer Kita, sind manche Kolleg:innen vielleicht schnell durch alle Phasen durch, während andere Teammitglieder noch längere Zeit hadern. Das lässt sich leider nicht über einen Kamm scheren. Hier ist es wichtig, Verständnis zu entwickeln und jedem Teammitglied die Zeit zu lassen, die es benötigt. Außerdem sollten Sie offen darüber sprechen und die Wünsche aller berücksichtigen.

INS UNBEKANNTE STÜRZEN

Manche Menschen halten lange am Alten fest, wagen aber dann doch den Neuanfang, wenn sie die Veränderung akzeptiert haben – es gibt aber auch das genaue Gegenteil: Für manche kann es mit dem Neuanfang nicht schnell genug gehen und sie vergessen dabei das Loslassen.

Beispiel:
Immer das Gleiche

Toni arbeitet seit einem Jahr in der Kita Regenbogen. Er fühlt sich nicht wohl und ist immer noch nicht angekommen. Die Kolleg:innen sind deutlich älter, er hat das Gefühl, dass sie ihn kritisch beäugen und seine unkonventionelle Arbeitsweise nicht akzeptieren. Er traut sich nicht, dies anzusprechen, leidet still vor sich hin und kündigt schließlich. Auch beim Abschlussgespräch nennt er keine Gründe für seine Kündigung. Er findet schnell eine neue Stelle, doch nach fünf Monaten ist er wieder am gleichen Punkt.

Toni macht sich nicht die Mühe, die Situation zu beleuchten, kritische Punkte anzusprechen und sich selbst zu hinterfragen. Er lässt beim geringsten Widerstand los und wagt sofort einen Neuanfang. Toni hat also eine hohe Veränderungsbereitschaft. Das ist schön, doch es ist auch wichtig, sich mit Problemen zu beschäftigen und diese zu analysieren, bevor man etwas verändert. Tut man dies nicht, kommt man immer wieder an den gleichen Punkt.

In den nächsten Kapiteln stelle ich Ihnen die einzelnen Phasen der Veränderung im Detail vor. Jede Phase bringt gewisse Herausforderungen mit sich. Wenn wir diese kennen, können wir die nächste Veränderung besser meistern.

ÜBUNG

WAS BEWEGT MICH?

Wie geht es mir mit der Veränderung?

Was wünsche ich mir?

Was kann jeder Einzelne dazu beitragen, damit die Veränderung gelingt?

PHASE 1: LOSLASSEN – SCHOCK

Stellen Sie sich vor, Sie sind glücklich und zufrieden und plötzlich trifft Sie eine unerwartete Veränderung von außen. Sie werden mit einer neuen Situation und neuen Erwartungen konfrontiert, für die Sie noch keine Verhaltensmuster entwickelt haben. Was sollen Sie tun? Was wird von Ihnen erwartet? Wie sollen Sie sich verhalten? Sie haben noch keine Lösungsmöglichkeiten für diese Situation, sind unsicher und Ihre Emotionen sind negativ: Sie werden vielleicht wütend, zornig, ziehen sich zurück, weinen … Genau das ist der Schockmoment.

Woran erkennen Sie, dass Sie sich im Schock befinden?

- Sie sind wie gelähmt.
- Sie sind aufgewühlt.
- Sie warten ab.
- Sie treffen keine Entscheidungen.
- Sie ziehen sich zurück.
- Sie sind irritiert.
- Negative Emotionen treten auf.

Typische Aussagen im Schockmoment

- Warum passiert mir das?
- Ich will nicht mehr!
- Das schaffe ich nicht!
- Mir ist alles zu viel!

Diese Reaktionen und Aussagen treten im Schockzustand mehr oder weniger ausgeprägt auf. Sie gehören dazu, denn Sie hatten im Vorfeld keine Möglichkeit, sich auf die neue Situation einzustellen, und jetzt brauchen Sie Zeit, um die Veränderung zu verdauen. Es gibt Dinge, die Sie tun können, um mit dem Schock besser umgehen zu können.

5 Tipps, um den Schock zu verarbeiten

1. Lassen Sie sich Zeit.
2. Versuchen Sie die Situation zu realisieren.
3. Sammeln Sie Informationen.
4. Finden Sie die Gründe für die Veränderung heraus.
5. Machen Sie einen groben Plan.

Der Schockmoment tritt auch bei Veränderungen auf, die Sie selbst initiiert haben, dann allerdings etwas später. Wenn Sie eine Veränderung anstoßen, beschäftigen Sie sich vorher mit den Auswirkungen, Sie haben also eine gewisse Vorlaufzeit. Doch dann kommt der vielleicht lang ersehnte Tag und Sie spüren die Veränderung – alle Planungen waren nur Theorie, emotional befinden Sie sich vielleicht doch in einem kleinen Schock.

Beispiel: Ich kündige!

Pete hat die Nase voll, er fühlt sich schon lange nicht mehr wohl in seiner Kita. Die Arbeit fordert ihn nicht mehr und die Stimmung im Team ist auch nicht besonders gut. Nach reiflicher Überlegung bewirbt er sich bei einem anderen Träger und bekommt seine Traumstelle. Er freut sich sehr auf die neue Stelle und startet voller Elan an seinem ersten Tag. Nach einer Woche merkt er jedoch, dass der neue Job ihn mehr fordert, als er gedacht hat. Die Abläufe sind ihm unbekannt, er muss seine Kolleg:innen, die Kinder wie die Eltern erst kennenlernen und er wird eine gewisse Zeit brauchen, um sich einzugewöhnen. Das macht ihn unzufrieden, unglücklich und lässt ihn zweifeln.

In diesem Beispiel erlebt Pete den Schockmoment nach einer Woche. Die Veränderung, die er sich so sehr gewünscht hat, verläuft anders als erwartet. Dies irritiert ihn. Das heißt nicht, dass seine Entscheidung falsch war, er braucht eben nur ein wenig Zeit, um sich an das neue Umfeld zu gewöhnen.

ÜBUNG

RAUS AUS DEM SCHOCKMOMENT

Der Schockmoment ist sehr emotional: Negative Gefühle und Gedanken treten auf und man fühlt sich wie gelähmt. Deshalb ist es wichtig, ins Handeln zu kommen und sich einen Überblick über die Lage zu verschaffen. Dadurch schafft man eine Grundlage und macht sich mit den neuen Umständen bekannt.

Wie reagiere ich in dieser Phase?

Informationen (Zahlen, Daten, Fakten) sammeln: Was passiert hier genau?

PHASE 1: LOSLASSEN – WIDERSTAND

Ist der erste Schockmoment mit seinen negativen Emotionen überwunden, geht es erst mal wieder aufwärts in der Kurve. Sie kommen in die Phase des Widerstandes, verleugnen die Veränderung und glauben, dass es nicht so kommen wird, wie es scheint. Sie denken, dass Sie noch Spielräume haben und die Veränderung abwenden können. Deshalb fühlen Sie sich gut, sind motiviert und engagiert.

Im Team und auch im Privaten wird in der Zeit des Widerstandes rege kommuniziert. Die Kommunikation ist selten zielführend, es geht eher darum, seinen Frust loszuwerden, über den Arbeitgeber oder die Kolleg:innen zu schimpfen und die Veränderung schlechtzureden oder zu verleugnen. Die Zeit des Widerstandes kostet viel Kraft, für Sie persönlich, aber auch für Ihr Umfeld. Sie sind kämpferisch, nicht einsichtig und fühlen sich stark.

Woran erkennen Sie, dass Sie sich im Widerstand befinden?

- Sie streiten den Veränderungsbedarf ab.
- Es gibt viele Konflikte.
- Sie reden und diskutieren viel.
- Sie entwickeln Ideen, die Veränderung abzuwenden.
- Sie fühlen sich handlungsfähig.

Typische Aussagen im Widerstand

- Das glaube ich nicht!
- Das kann nicht sein!
- Nicht mit mir!
- Die werden mich noch kennen lernen!
- Das lasse ich mir nicht bieten!
- Jetzt mache ich gar nichts mehr!

In Zeiten des Widerstandes herrscht Unruhe in einem selbst, aber auch im Team. Der Flurfunk läuft auf Hochtouren und es gibt viel Raum für Spekulationen. Die Aktivität ist hoch, da man etwas tun möchte, um die Veränderung zu verhindern. In dieser Phase sucht man sich häufig Verbündete. Man redet mit Personen, die schon einmal Ähnliches erlebt haben, holt sich Meinungen ein und hofft auf Unterstützer:innen. Häufig wird auch die Personalvertretung aufgesucht und um Hilfe gebeten.

5 Tipps für die Widerstandsphase

1. Lassen Sie Emotionen zu.
2. Tauschen Sie sich aus.
3. Hören Sie zu.
4. Entwickeln Sie Verständnis.
5. Nehmen Sie die Realtität an.

Im Widerstand wollen wir verdrängen. Das funktioniert aber nur eine Zeit lang. Irgendwann holt uns die Realität ein. Wir können uns zwar ein Luftschloss bauen, in dem wir thronen, in alten Erinnerungen schwelgen und uns stark und mächtig fühlen. Auf Dauer wird uns die Flucht aber leider nicht gelingen. Die oben genannten Verhaltensweisen dienen nur dazu, der neuen Situation auszuweichen. Wir wollen nicht, dass sich etwas verändert, und deshalb halten wir an dem Gewohnten fest. Doch bitte daran denken: In der Ruhe liegt die Kraft – immer wenn Sie erkennen, dass Sie im Widerstand sind, lassen Sie ihn zu, doch handeln Sie überlegt.

Beispiel: Nachhaltigkeit ist Pflicht

Die Igelgruppe macht ein vierwöchiges Projekt mit den Vorschulkindern. Darin geht es um Nachhaltigkeit. Die Kinder lernen, den Müll zu trennen, auf den Wasser- und Stromverbrauch zu achten, legen ein Hochbeet an und gestalten Upcycling-Gegenstände. Das Projekt kam bei Kindern und Eltern richtig gut an – Kitaleiterin Elif überlegt jetzt, bestimmte Dinge in den Alltag der Kita zu integrieren. Als sie ihre Idee auf dem Teamabend vorstellt, sind die pädagogischen Fachkräfte der Igelgruppe begeistert. Bei allen anderen kommt die Idee nicht gut an. Sie diskutieren lautstark: „So ein neumodisches Zeug. Das bedeutet Mehraufwand für uns. Wer soll sich darum kümmern. Wir kommen doch auch gut ohne Nachhaltigkeit zurecht …" Die meisten Teammitglieder sind im Widerstand und lehnen das Thema ab.

Oft gehen wir in den Widerstand, weil wir nicht abschätzen können, welche Auswirkungen die Veränderung für uns hat. Wir befürchten Nachteile oder Mehraufwand und lehnen sie deshalb ab. In der Zeit des Widerstandes gelingt es uns nicht, die Vorteile der Veränderungen zu erkennen. Uns widerstrebt es, das Gewohnte loszulassen.

REFLEXION

ICH LASSE LOS

Warum fällt es mir schwer, loszulassen?

Was fühle ich dabei?

Gewohntes Loslassen

Worum sorge ich mich?

Wie geht es mir, wenn ich daran denke?

ÜBUNG

ALT VERSUS NEU

Beleuchten Sie die bisherige Situation und finden Sie heraus, was gut an dieser ist und was schlecht ist. Denn es wird auch Gründe geben, warum eine Veränderung ansteht. Versuchen Sie diese zu finden.

Was ist gut daran?	**Was ist schlecht daran?**

PHASE 2: NEUTRALE ZONE – RATIONALE EINSICHT

Wenn Sie die Hochphase des Widerstandes durchlaufen haben, geht die Kurve der Veränderungen wieder nach unten. Die ersten negativen Emotionen tauchen auf. Wir realisieren, dass unser Widerstand nichts nützen wird und die Veränderung nicht aufzuhalten ist. Das frustriert natürlich und lässt uns wütend werden. In der Phase der rationalen Einsicht hat unser Kopf verstanden, dass nicht mehr an der Veränderung zu rütteln ist. Emotional haben wir dies noch nicht verinnerlicht.

In dieser Phase trauern wir um das Vergangene und wünschen es uns zurück, obwohl wir genau wissen, dass es nicht mehr kommen wird. Wir sind wenig produktiv und schleppen uns durch den Tag. Uns fehlt die Struktur, das Gewohnte und wir haben unseren Platz noch nicht gefunden. Oft sehen wir keinen Sinn in dem, was wir tun, da uns noch die Perspektive fehlt. Daher sind wir frustriert und fühlen uns hilflos. In dieser Phase steigt auch die Krankenquote und im Team läuft es gar nicht rund.

Woran erkennen Sie, dass die rationale Einsicht eintritt?

- Sie vermissen das Vergangene.
- Sie sehnen sich nach gewohnten Abläufen.
- Sie wünschen sich die alten. Strukturen zurück.
- Ihre Stimmung ist schlecht.
- Ihr Leistungsniveau sinkt.

Typische Aussagen während der rationalen Einsicht

- Früher war alles besser!
- Immer diese neumodischen Ideen!
- Wo soll das nur hinführen?
- Es ist nicht zu ändern …

5 Tipps für die Phase der rationalen Einsicht

1. Erfüllen Sie Ihre Grundbedürfnisse.
2. Lassen Sie Ängste zu und nehmen Sie sie ernst.
3. Finden Sie Handlungsperspektiven.
4. Stellen Sie sich gedanklich auf das Neue ein.
5. Gehen Sie kleine Schritte!

In dieser Phase ist es wichtig, dass Sie in sich hineinhören und auf Ihre Bedürfnisse achten. Wie geht es Ihnen, was macht Ihnen Sorgen? Versuchen Sie, sich auf das Neue einzustellen und Perspektiven zu entwickeln. Wie können Sie es schaffen, mit der neuen Situation zurechtzukommen? Was ist gut an der Veränderung? Haben Sie Geduld mit sich, gehen Sie mit kleinen Schritten vorwärts. Je nachdem wie stark die Veränderung Sie trifft, geht es manchmal auch einfach darum, das „nackte Überleben" zu sichern und die Grundbedürfnisse wie essen, trinken und schlafen sicher zu stellen. Bei kleinen Veränderungen ist dies nicht der Fall. Es gibt aber auch Veränderungen, die uns aus der Bahn werfen.

Beispiel: Der Supergau

Judith, 29 Jahre, führt ein zufriedenes, glückliches Leben. Sie arbeitet als pädagogische Fachkraft, geht voll in ihrem Job auf, hat ihren Traummann gefunden und möchte in naher Zukunft eine Familie gründen. Als ihr Freund einen schweren Unfall hat und im Koma liegt, bricht für Judith eine Welt zusammen. Sie zieht sich völlig zurück, ist arbeitsunfähig und die Kolleg:innen, die im Laufe der Jahre zu Freund:innen geworden sind, kommen nicht mehr an sie ran. Sie geht nicht ans Telefon, öffnet nicht die Tür und meldet sich bei niemandem. Alle machen sich große Sorgen.

Judith hat ein schrecklicher Schicksalsschlag getroffen. Mit diesem würde niemand leicht fertig werden. Eine tiefgreifende Veränderung wirft all ihre Lebenspläne durcheinander. Wenn sie die weitreichenden Folgen realisiert, fällt sie in ein tiefes Loch. Ihre Welt steht still und sie weiß nicht, wie es weitergehen soll.

Die Phase der rationalen Einsicht trifft jeden unterschiedlich stark und jeder braucht auch sein ganz eigenes Zeitfenster. Hier gibt es keinen Plan, den man befolgen kann, und alles wird wieder gut. Es gibt Strategien, die Sie unterstützen, durch diese Phase zu kommen. Am wichtigsten ist es, sich die Zeit zu nehmen, die man braucht, um von der alten Situation Abschied zu nehmen, denn wenn sich etwas in Ihrem Leben verändert, egal ob zum Positiven oder Negativen, ist es wichtig, die bisherige Situation loszulassen und einen sauberen Abschluss zu machen. Egal ob Sie sich von Menschen, Dingen oder Unternehmen trennen.

REFLEXION

DAS VERGANGENE LOSLASSEN

- **Erinnern Sie sich an die schönen Momente und finden Sie für sich ein Abschiedsritual, das passend ist. Das kann ein Abschiedsfest, ein Gespräch, ein Brief oder ein anderes schönes Ritual sein.**

- **Wofür bin ich dankbar?**

- **Wie will ich mich verabschieden?**

- **Was habe ich daraus gelernt?**

ÜBUNG

MÖGLICHKEITEN ERKENNEN

Nur wenn wir das Vergangene losgelassen haben, können wir nach vorne schauen und uns auf das Neue einlassen. Versuchen Sie sich in die neue Situation hineinzuversetzen und erkennen Sie, welche Chance sie Ihnen bietet. Benennen Sie aber auch klar, wovor Sie sich fürchten und was Sie verunsichert.

Was ist gut an der Veränderung?	Was macht mir Angst?

PHASE 2: NEUTRALE ZONE – EMOTIONALE EINSICHT

Wenn Sie geglaubt haben, mit der rationalen Einsicht hätten Sie das Gröbste überstanden, muss ich Sie leider enttäuschen. Denn es geht in der Kurve noch etwas tiefer. Der Tiefpunkt der Veränderungskurve ist die emotionale Einsicht. Unser Verstand, auch Ratio genannt, hat verstanden, dass die Veränderung unausweichlich ist, jetzt spüren wir dies auch im Alltag. Wir erleben, dass wir für die neue Situation vielleicht nur wenig Kompetenz besitzen, wir sind verunsichert und dies drückt sich in unseren Emotionen aus.

Die Phase der emotionalen Akzeptanz wird auch das Tal der Tränen genannt. In dieser Zeit kommen alle Emotionen zutage. Wir weinen, sind wütend und befinden uns am Tiefpunkt. Dies ist jedoch ein ganz wichtiger Punkt, da wir diese Zeit nutzen können, um das Erlebte zu reflektieren. In dieser Phase haben wir die Chance, uns zu hinterfragen und uns neu aufzustellen. Dazu gehört es auch, dass wir schlecht gelaunt oder traurig sind. Nach der Zeit des Selbstmitleides können wir gestärkt nach vorne gehen. Denn wir lernen mit jeder erlebten Veränderung etwas dazu.

Woran erkennen Sie emotionale Akzeptanz?

- Sie sind sehr emotional.
- Sie haben wenig Antrieb.
- Sie spüren die Veränderung sehr deutlich.
- Ihnen fehlt die Motivation.
- Sie fühlen sich hilflos.

Typische Aussagen während der emotionalen Akzeptanz:

- Das macht keinen Sinn …
- Ich weiß nicht, wie ich das schaffen soll …
- Ich bin traurig, wütend …
- Mir fehlt die Energie …

5 Tipps für emotionale Akzeptanz

1. Lassen Sie Ihren Emotionen Raum.
2. Sprechen Sie mit anderen darüber.
3. Organisieren Sie Unterstützung.
4. Hinterfragen Sie sich.
5. Finden Sie neue Strukturen.

Im Tal der Tränen befindet sich niemand gerne, doch hier findet Entwicklung statt, wenn wir bereit sind, die Veränderung zu akzeptieren und uns mit ihr auseinanderzusetzen. Wir dürfen nicht ständig hadern und uns fragen: *Warum passiert mir das? Womit habe ich das verdient? Wie konnte ich nur so blöd sein?* Gehen Sie konstruktiv vor und überlegen Sie, wie Sie mit der neuen Situation umgehen können und wer Ihnen dabei helfen kann.

Die große Chance jeder Veränderung liegt in der neutralen Zone. Sie haben sich nun ausgiebig mit dem Loslassen des Gewohnten beschäftigt, sich hinterfragt und die Situation analysiert. Jetzt ist es Zeit, nach vorne zu schauen und die Veränderung anzunehmen.

Das gelingt natürlich nicht immer. Es gibt Menschen, die sind auch nach Jahren noch im Tal der Tränen. Sie schaffen es einfach nicht, sich von dem Gewohnten zu verabschieden, die Welt dreht sich jedoch weiter. Wenn wir über die Phase der emotionalen Akzeptanz nicht hinwegkommen, endet dies häufig in einer Depression oder einer anderen Erkrankung.

Im Moment der emotionalen Akzeptanz spüren wir die Veränderung am heftigsten und wir trauern dem Gewohnten nach. Lilli erkennt dies und hinterfragt sich. Vielleicht hätte sie besser mit Mara geredet, ohne gleich die Gruppe zu wechseln. Vielleicht hat sie auch Fehler gemacht, die Schuld kann nicht nur bei Mara liegen. Indem Lilli sich mit diesen Fragen auseinandersetzt, entwickelt sie sich weiter, kann Fehler ausräumen oder beim nächsten Mal vermeiden. Nachdem wir uns reflektiert haben, können wir uns dem Neuanfang widmen. Wir haben den Kopf frei, um neue Ideen zu entwickeln.

Beispiel: Schluss mit der Freundschaft

Lilli und Mara kennen sich seit über 10 Jahren und sind eng befreundet. Sie haben zusammen die Ausbildung zur pädagogischen Fachkraft gemacht und arbeiten in der gleichen Einrichtung. Sie schätzen sich und können sich blind vertrauen. Als Mara einen neuen Partner hat, verändert sie sich. Dies wirkt sich auf die Freundschaft und die Zusammenarbeit der beiden aus. Lilli fühlt sich vernachlässigt, sie streiten häufig und die Zusammenarbeit macht keinen Spaß mehr. Um Distanz zu Mara zu haben, wechselt Lilli die Gruppe innerhalb der Einrichtung. Lilli merkt auf der rationalen Ebene, dass dies die richtige Entscheidung war, emotional vermisst sie Mara. Ihre lockere Art, die Spontanität, sich ohne Worte zu verstehen – all das fehlt ihr und sie fragt sich, ob es nicht auch einen anderen Weg gegeben hätte.

REFLEXION

SICH SELBST HINTERFRAGEN

Was sind meine Stärken?

Welche Fehler habe ich gemacht?

Was kann ich künftig anders machen?

Wer kann mich dabei unterstützen?

ÜBUNG
HADERN BEENDEN

Schnell sagt man: *Hör auf zu hadern, das bringt nichts!* Doch wie soll dies gelingen, wenn unsere Gedanken immer wieder um die gleiche Frage kreisen? Von selbst geht das nicht. Wir müssen diesen Kreislauf ganz bewusst beenden.

1. Gedanken stoppen

Stoppen Sie das Gedankenkarussell mit einem Wort, das Sie denken oder laut sagen. Das kann zum Beispiel sein: *Stopp! Schluss! Ende! Ruhe!*

2. Macht zurückerobern

Dieses Wort sorgt für eine kurze Unterbrechung, das allein hilft aber noch nicht. Stellen Sie sich nun die Frage: *Will ich der Situation oder dem Mensch diese Macht über mein Leben geben?* Meist kommen wir zu dem Schluss, dass wir dies nicht möchten.

3. Aktiv werden

Wenn Sie sich bewusst gegen das Hadern entschieden haben, sollten Sie sich ablenken. Überlegen Sie, was Sie tun könnten, statt zu hadern. Machen Sie Yoga, lesen Sie ein Buch, singen Sie ein Lied, schauen Sie sich eine Doku an. Alles, was ablenkt, tut gut. Diese drei Fragen helfen: *Was würde mir jetzt helfen? Was kann ich anstoßen? Womit geht es mir besser?*

Geschichte: Der Jammerer (von Sören Meng)

Ein Mann erlebte in kurzer Zeit viel Schlimmes und so beschloss er, auf Reisen zu gehen. Er packte seinen Rucksack und lief einfach los. Während des Laufens tat er sich immer mehr leid, er bedauerte sich und haderte ständig. Je mehr er mit sich haderte, umso mehr beachtete er nicht mehr seinen Weg und so stolperte er ständig über Wurzeln, was ihn noch wütender machte. Er lief immer gebückter, weil er sich so leidtat. Da kam er an einen großen See. Er musste auf die andere Seite, um weiterzugelangen. Er stöhnte und schrie: „Ich kann nicht schwimmen! Jetzt muss ich den Weg wieder zurücklaufen, ich mag nicht mehr." Diese Schreie hörte ein alter Mann, der sich am Ufer befand. „Warum bist du so traurig?", fragte er ihn. Da brach es aus ihm heraus und er berichtete dem Alten von seinem Leid. „Und jetzt komme ich hierher, muss einen See überwinden und kann nicht schwimmen." Da klopfte der alte Mann dem Jammerer auf den Rücken: „Stell dich aufrecht hin und richte deinen Blick geradeaus, was siehst du?" Er traute seinen Augen nicht, an dem See ging ein befestigter Weg vorbei. Dieser war ihm verborgen geblieben, da er versäumt hatte, nach links, rechts und nach vorne zu schauen.

PHASE 3: NEUANFANG – AUSPROBIEREN UND ÜBEN

Zum Ende der Phase 2 haben wir uns mit der Veränderung arrangiert. Wir haben alte Gewohnheiten losgelassen und uns reflektiert. Jetzt sind wir bereit für den Neuanfang, positive Emotionen begleiten uns. Wir sind gespannt und noch leicht verunsichert, da wir immer noch keine Erfahrung mit der neuen Situation haben. Doch wir sind offen und bereit, uns auf das Neue einzulassen.

Woran erkennen Sie, dass Sie am Ausprobieren sind?

- Ihre Motivation nimmt zu.
- Sie fühlen sich kraftvoll.
- Sie sind neugierig.
- Sie sind aktiv und probieren neue Dinge aus.
- Sie empfinden Freude.
- Sie sind optimistisch.

Typische Aussagen während des Ausprobierens:

- Ich versuche es jetzt!
- Das wird schon!
- Ich tue das, was ich gut kann!
- Ich bin stolz auf mich!
- Eine neue, wertvolle Erfahrung!
- Ich kann die Situation bewältigen!
- Fehler gehören dazu!

Sie merken schon: die Stimmung steigt. Sie fühlen sich nach der Durststrecke wieder handlungsfähig. Sie schmieden Pläne, probieren Dinge aus, wagen sich in neue Situationen. Zu Beginn sollten Sie sich auf Ihre Stärken konzentrieren und Dinge tun, die Ihnen leichtfallen. Mit jedem Schritt werden Sie mutiger und sind stolz, es gewagt zu haben. Sie spüren die positiven Gefühle deutlich, auch wenn Sie der neuen Situation noch nicht ganz vertrauen und immer noch etwas unsicher sind.

5 Ausprobier-Tipps

1. Konzentrieren Sie sich ganz auf den Neubeginn.
2. Mobilisieren Sie alle Kräfte.
3. Bringen Sie Ihre Stärken ein.
4. Freuen Sie sich über Erfolge.
5. Genießen Sie die neuen Erfahrungen.

Kleine Unsicherheiten gehören zum Ausprobieren dazu. Schließlich ändern Sie Gewohnheiten, die sich über eine lange Zeit etabliert haben, und das geht nicht von heute auf morgen. Sie haben für die neue Situation noch keine Strukturen, Rituale und Abläufe verinnerlicht. Trotzdem dürfen Sie sich freuen, wenn Ihnen etwas gelingt und Sie neue Erfahrungen sammeln. Seien Sie neugierig, offen und versuchen Sie, sich auf das Neue einzulassen.

Beispiel: Der Umzug

Die Kita Wimmelburg besteht seit 40 Jahren. Es ist eine beliebte Einrichtung und das Team ist gut aufgestellt. Das Kita-Gebäude ist jedoch in die Jahre gekommen. Ein Altbau mit kleinen Räumen, beengten Verhältnissen und wenig Charme. Der Träger beschließt, eine neue, zeitgemäße Kita zu bauen. Sie bietet alles, was man sich für eine gute pädagogische Arbeit wünscht, und das Personal freut sich auf den Neubau. Als der Umzug ansteht, blicken alle wehmütig zurück, sind aber gespannt und voller Freude. Die ersten Tage im Neubau sind ziemlich chaotisch. Man läuft sich ständig in den Füßen herum, sucht Dinge und findet sie nicht, macht viele unnötige Wege und versucht Strukturen zu etablieren. Das dämpft die Stimmung aber nicht. Es liegt eine positive Spannung in der Luft und es wird viel gelacht.

Es ist völlig normal, dass beim Neuanfang noch nicht alles reibungslos läuft. Alle Beteiligten müssen erst Erfahrung mit der neuen Situation sammeln und sich einleben. Die Phase des Ausprobierens und des Übens verläuft immer in Wellen. Mal geht es hoch hinaus, man ist glücklich und freut sich auf das Neue, dann geht es mal wieder ein klein wenig bergab und die Stimmung ist etwas gedämpft. Denn zum Ausprobieren gehören auch Rückschläge und Fehler. Nur aus diesen lernt man. Wir sammeln Erfahrung, indem wir etwas tun, uns das Ergebnis betrachten, es vielleicht verwerfen oder korrigieren und somit unser Wissen erweitern und es noch einmal probieren. Lassen Sie sich dadurch nicht ermutigen. Fehler und Rückschläge gehören zum Veränderungsprozess. Nur durch das Ausprobieren erkennen wir, ob und wie das Neue funktionieren kann. Auch in Kitas werden oft Schuldige gesucht – und im schlimmsten Fall an den Pranger gestellt –, wenn Fehler gemacht werden. Doch sollten Sie für ein gutes Miteinander im Team die Ursache der Fehler herausfinden und diese gemeinsam beheben. Schuldzuweisungen führen dazu, dass man die Motivation verliert, sich nichts zutraut und nur noch Dienst nach Vorschrift macht.

Nicht alle Mitarbeitenden Ihrer Einrichtung oder in Ihrem privaten Umfeld legen das gleiche Tempo beim Ausprobieren vor. Manche sind sehr zögerlich, sichern sich erst ab und gehen nur kleine Schritte. Andere freuen sich auf die Neuerung, breschen nach vorne und sind Feuer und Flamme. Achten Sie bitte darauf, dass Sie jedem die Zeit geben, die er/sie braucht. Versuchen Sie Ihre Kolleg:innen mitzunehmen, zu beteiligen und zu motivieren. Dies gelingt, indem Sie gemeinsam Ideen sammeln, bei neuen Tätigkeiten unterstützen und Neuerungen vorleben.

Fehlerkultur

Fehler sind in unserer Gesellschaft immer noch negativ behaftet: Fehler sind schlimm und dürfen nicht sein. Wir müssen mehr kontrollieren, damit weniger Fehler passieren. Diese Denkweise ist falsch. Die Start-ups, die auf den Markt streben, machen es uns vor. Ihre Philosophie lautet: Fehler sind ein wichtiger Lernprozess, sie bringen uns weiter.

Wenn wir jedoch Fehler machen, führt dies häufig zu Selbstkritik und Selbstbeschimpfungen: *Ich bin so blöd! Typisch, das passiert mir immer. Ich kann wirklich nichts richtig machen!* Versuchen Sie es nicht so weit kommen zu lassen und betrachten Sie Fehler als etwas Nützliches. Nehmen Sie sich doch die Kinder als Vorbild. Ein Kind, das Laufen lernt, fällt hundert Mal hin, bevor es die ersten Schritte macht. Wenn es denken würde *Das ist ein Fehler, das darf nicht passieren,* würde es mit den Gehversuchen aufhören und niemals laufen lernen. Da es diese Denkweise noch nicht verinnerlicht hat, bleibt es motiviert und neugierig und erreicht so sein Ziel.

ÜBUNG

MEINE ERSTEN SCHRITTE

Es ist hilfreich, wenn Sie sich ein paar Gedanken machen, bevor Sie ans Ausprobieren gehen. Überlegen Sie sich, was Ihre ersten Schritte sind, wie Sie diese angehen wollen und was Sie dafür brauchen. Mit einem Plan im Gepäck fällt das Ausprobieren leichter.

Was probiere ich konkret aus?

Wie gehe ich vor?

1.
2.
3.
4.

Was probiere ich konkret aus?

Wie gehe ich vor?

1.
2.
3.
4.

Was probiere ich konkret aus?

Wie gehe ich vor?

1.
2.
3.
4.

REFLEXION

WIE GEHE ICH MIT FEHLERN UM?

Was halten Sie von Fehlern?

☐ sollten nicht passieren ☐ gehören dazu ☐ bringen mich weiter

Wie reagieren Sie, wenn Sie Fehler machen?

Gab es in Ihrem Leben eine Situation, in der Sie etwas aus einem Fehler gelernt haben? Falls ja, was haben Sie gelernt?

Was könnte das Positive an Fehlern sein?

PHASE 3: NEUANFANG – INTEGRATION

In der Phase der Integration wächst unsere Zuversicht und Sicherheit von Tag zu Tag. Ruhe kehrt ein, wir befinden uns wieder in unserer Komfortzone und haben eine gewisse Routine entwickelt. Dadurch erleben wir diese Zeit meist gelassen und entspannt. Wir fühlen uns gut, sind nicht gestresst, sind erleichtert und sind immer noch stolz, die Veränderung gemeistert zu haben. Integration bedeutet, dass das Neue zur Normalität wird und wir nicht mehr groß darüber nachdenken. Es wird zur Selbstverständlichkeit und nicht mehr hinterfragt.

Woran erkennen Sie, dass Sie das Neue integriert haben?

- Sie sind zufrieden und stolz.
- Sie sind erleichtert.
- Neue Abläufe erledigen Sie wie von selbst.
- Sie sind fröhlich und gut gelaunt.
- Sie fühlen sich wohl.

Typische Aussagen während der Integration:

- So schlimm war´s doch gar nicht!
- Ich bin zufrieden mit mir!
- Das war der richtige Schritt!
- Es fällt mir leicht!
- Darüber denke ich nicht mehr nach!
- Ich hätte es früher tun sollen!

Nach den Turbulenzen der Veränderungskurve kommen Sie nun zur Ruhe. Nutzen Sie die Zeit, um sich etwas Gutes zu tun, und versuchen Sie zu entspannen. Lassen Sie die hektische Zeit und die negativen Emotionen hinter sich. Sie haben es geschafft. Feiern Sie aber auch Ihre Erfolge, Sie dürfen stolz auf sich sein. Gönnen Sie sich etwas und belohnen Sie sich. Eine Veränderung ist nicht leicht und Sie haben sie gemeistert. Achten Sie darauf, dass wieder Stabilität in Ihr Leben kommt und neue Verhaltensweisen zur Routine werden. Dadurch kommen Sie in ruhiges Fahrwasser und wieder in Ihre Komfortzone. Diese brauchen Sie, um Kraft zu tanken und Ihre Akkus aufzuladen. Denn die nächste Veränderung kommt bestimmt.

5 Tipps für die Integrationsphase

1. Genießen Sie die Ruhe und belohnen Sie sich.
2. Stabilisieren Sie die Routinen.
3. Standardisieren Sie die Stärken des Neuen.
4. Teilen Sie Ihre Erfahrung.
5. Bereiten Sie sich auf die nächste Veränderung vor.

Vielleicht denken Sie jetzt: *Was, mich auf die nächste Veränderung vorbereiten? Mir reicht es jetzt erst mal!* Da muss ich Sie enttäuschen. Unser Leben ist Veränderung. Das Rad der Veränderung dreht sich immer schneller. Die Digitalisierung schreitet voran, die Welt ist unbeständig, es gibt viele unbekannte Changetreiber. Dadurch entsteht häufig der Wunsch, dass alles doch so bleiben möge, wie es ist. Unsere heile Welt soll sich nicht verändern, doch sie wird es.

Daher ist es gut, dass Sie darauf vorbereitet sind. Mit jeder Veränderung, die Sie durchleben, erweitern Sie Ihren Horizont. Sie entdecken Ihr Potenzial, sammeln Erfahrungen und Ihr Selbstbewusstsein wächst. Irgendwann entwickeln Sie bei Veränderungen Routinen. Sie wissen, was auf Sie zukommt, können feststellen, wo Sie sich in der Kurve der Veränderung befinden und was Sie noch erwartet. Dadurch werden Sie sicherer. Das heißt nicht, dass Veränderungen Sie nicht mehr emotional aufwühlen. Doch Sie kennen den Verlauf und können sich darauf einstellen. In Ihrem Gehirn gibt es nun Synapsen, die auf Veränderungen reagieren. Mit jeder Veränderung werden diese mehr und mehr ausgebaut. Sie trainieren Ihre Veränderungsfähigkeit wie einen Muskel. Das tut manchmal weh, ist aber sehr effizient.

Also, lassen Sie sich nicht abschrecken. Sammeln Sie Erfahrungen, lernen Sie daraus und initiieren Sie Veränderungen, wenn Sie es möchten. Am besten stoßen Sie kleine Veränderungen an. Durch diese „Mini-Changes“ bleiben Sie flexibel und werden mutig, erkennen, dass Sie handlungsfähig sind und Veränderungen meistern können. Somit sind Sie gut gerüstet für die nächste kleine oder große Krise in Ihrem Leben.

REFLEXION

DIE NÄCHSTE VERÄNDERUNG KOMMT BESTIMMT

Was habe ich aus dieser Veränderung gelernt?

Was gelingt mir gut?

Was sollte ich besser lassen?

Was werde ich beim nächsten Mal anders machen?

VERÄNDERUNGEN INDIVIDUELL ANGEHEN

Keine Veränderung gleicht der anderen. Jetzt fragen Sie sich vielleicht, wie Sie sich denn dann auf Veränderungen vorbereiten können? Um sich auf Veränderungen einzustellen, hilft es, die Kurve der Veränderung zu kennen und sich immer wieder zu reflektieren. Sie werden schon ein großes Stück souveräner, wenn Sie wissen, an welcher Stelle der Kurve Sie sich gerade befinden und was Sie an dieser Stelle brauchen. Im Schockmoment haben Sie zum Beispiel ganz andere Bedürfnisse als in der Zeit des Ausprobierens. Deshalb kann ich Ihnen nur raten, dass Sie sich die Zeit nehmen, die Sie brauchen. Nur so können Sie die Veränderung verarbeiten und diese integrieren. Das heißt nicht, dass Veränderungen am Ende immer positiv ausgehen. Es gibt auch Veränderungen, bei denen Sie in der Phase des Ausprobierens feststellen werden, dass Sie damit gar nicht leben können. Diese Erkenntnis ist wichtig und Sie sollten sie ernst nehmen. Denn das heißt für Sie, dass Sie eine weitere Veränderung anstoßen sollten. Sie können nun einen neuen Weg einschlagen und selbst die Richtung bestimmen.

Beispiel: Positive Veränderungen

Übrigens durchleben Sie die Kurve der Veränderung auch bei positiven Veränderungen. Stellen Sie sich vor, Sie erwarten Nachwuchs und sind voller Vorfreude auf das kleine Wesen. Wenn das Kind das Licht der Welt erblickt, ist dies der Schockmoment – obwohl ich dieses Wunder nicht gerne so bezeichne. Es ist der Moment, indem Sie Ihr Kind zum ersten Mal in den Händen halten. Sie sind überglücklich und doch stellen Sie sich die Frage, wie Sie dies alles schaffen und meistern sollen. Es ist alles so neu, das kleine Wesen so zart und empfindsam und Sie kennen sich noch gar nicht aus. Das macht Sie unsicher. Sie sagen sich, dass Sie dies schon schaffen werden (Widerstand). Spätestens wenn Sie mit Ihrem Kind das Krankenhaus verlassen und zum ersten Mal alleine mit ihm sind, erkennen Sie, dass Sie noch Übung brauchen. Wenn es schreit, wissen Sie nicht, ob es Hunger hat, ihm unwohl ist oder es Nähe braucht (Rationale Einsicht). Im Tal der Tränen befinden Sie sich, wenn Sie mehrere Nächte nicht geschlafen haben, selbst körperlich am Ende sind und an Ihre Grenzen kommen. Doch dann entwickeln Sie Routinen. Sie lernen Ihr Kind besser kennen, werden sicherer und nach ein paar Tagen ist alles in bester Ordnung. Sie sind glücklich und können sich nichts Schöneres vorstellen. Auch eine Geburt ist Veränderung und wir lernen damit umzugehen. Beim zweiten Kind wird es dann schon einfacher. Man kennt sich aus und weiß, dass man der Situation gewachsen ist.

REFLEXION

STANDORTBESTIMMUNG IN DER KURVE

Mit dieser Reflexion gelingt es Ihnen leichter, sich auf Veränderungen einzustellen. Sie können Ihren Standort bestimmen und erkennen, was Ihnen weiterhilft und was Sie jetzt brauchen. Wo stehen Sie in der Kurve? Zeichnen Sie dies ein und überlegen Sie, was Sie schon geschafft haben und was ggf. noch vor Ihnen liegt.

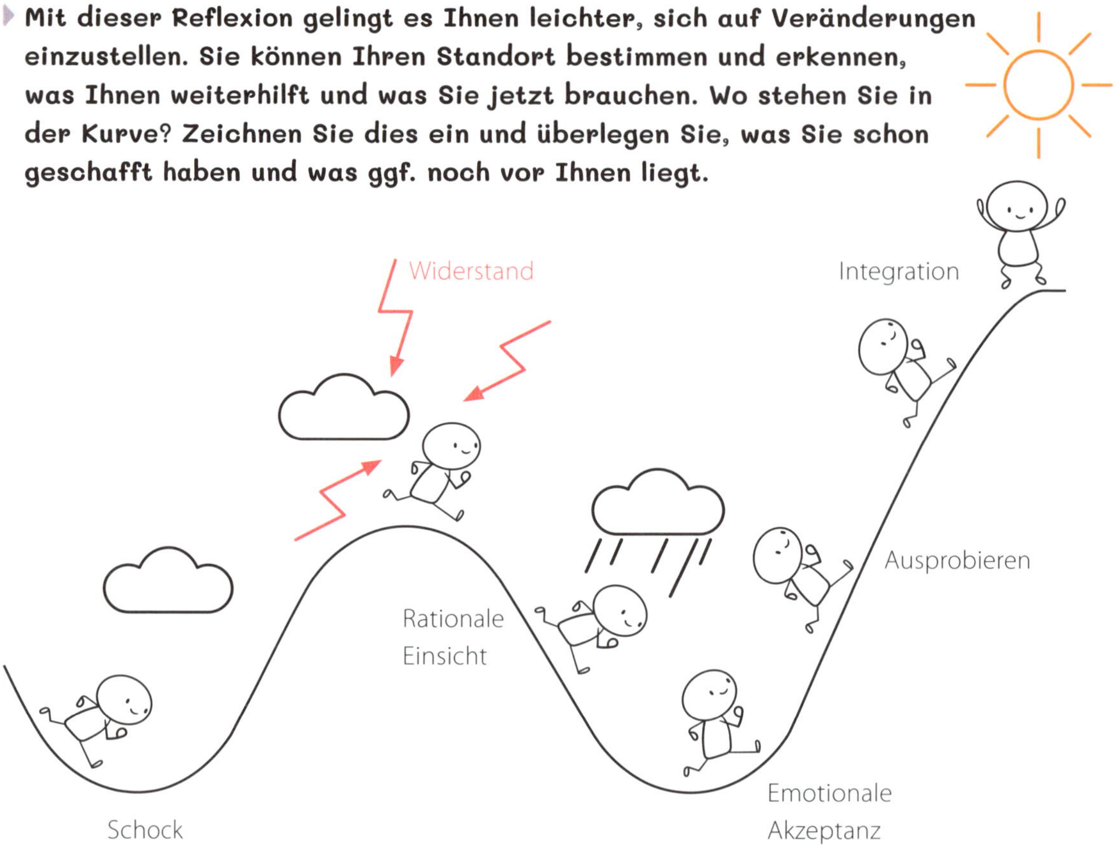

Welche Bedürfnisse habe ich in diesem Moment?

Was kann ich tun, damit es weitergeht?

DIE VERÄNDERUNGSKURVE ABKÜRZEN

Wenn Sie sich die Kurve noch einmal anschauen, werden Sie feststellen, dass das Tal ganz schön tief sein kann. Es geht abwärts mit unserer Motivation und mit unseren Emotionen. Das ist sicherlich kein angenehmer Zustand und deshalb versuchen viele Menschen die Kurve der Veränderung abzukürzen und das Tal der Tränen auszusparen. Sobald Sie in die Phase der rationalen Einsicht kommen, weichen Sie der Veränderung aus und gehen weiter zum Ausprobieren. Das möchte ich Ihnen an einem Beispiel zeigen, das bestimmt jeder schon einmal im Privaten erlebt hat.

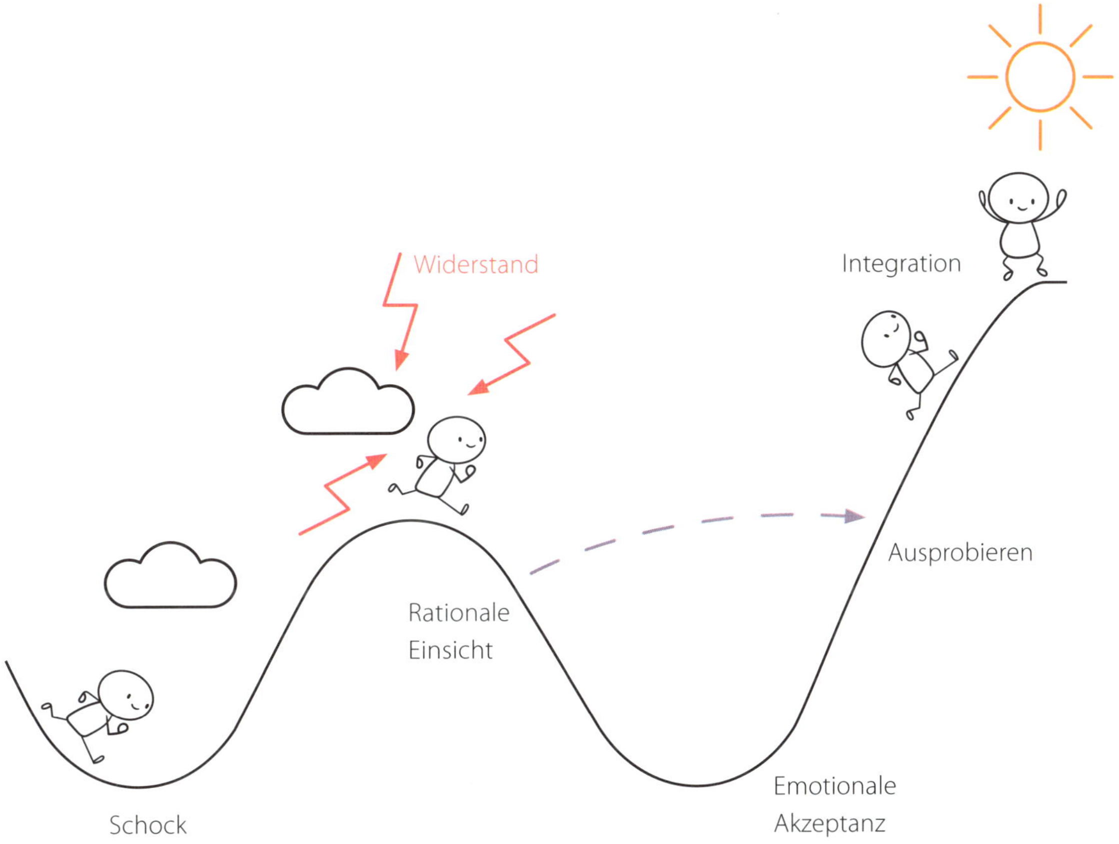

Beispiel: Plötzlich allein

Jens wurde nach drei Jahren Beziehung von seiner Freundin verlassen. Der Schock saß tief, doch er dachte, dass er seine Freundin bestimmt noch umstimmen könne. Doch das war nicht möglich und Jens wurde auf einmal klar, dass er alleine war. Abends war niemand zu Hause, keine gemeinsamen Aktivitäten, keine Gespräche … Um nicht länger jeden Samstag allein vor dem Fernseher zu verbringen, ging er auf Tour: Er ging in Clubs, zog durch die Altstadt und schnell knüpfe er Kontakte und war im Handumdrehen wieder neu liiert.

Als Jens am Punkt der rationalen Einsicht erkennt, dass ihm etwas fehlt, beschließt er aktiv zu werden und Neues auszuprobieren. Grundsätzlich spricht nichts dagegen, sich dem Neuen zuzuwenden, doch er hat die Phase der emotionalen Akzeptanz übersprungen. Er möchte nicht leiden, seine Freundin vermissen, alleine sein. Er möchte sich auch nicht hinterfragen: *Warum kam es so weit? Welche Fehler habe ich gemacht? Was hätte ich anders machen können? Was will ich verändern?*

Wenn wir die Kurve der Veränderung abkürzen, kommen wir immer wieder an den gleichen Punkt. Wir führen keine tiefgehenden Beziehungen, wir wechseln häufig den Arbeitgeber, wir trennen uns von Menschen, sobald es schwierig wird. Wenn es unangenehm wird, suchen wir uns ein neues Spielfeld, auf dem wir wieder von vorne beginnen können. Dort kennt man uns nicht und wir können ganz bequem so weitermachen. Es dauert eine gewisse Zeit, bis das neue Umfeld uns besser kennt und wir wieder an unsere Grenzen stoßen. Es gibt Menschen, die wechseln häufig den Freundeskreis, den Arbeitgeber, die Wohnung … Wenn etwas neu ist, ist es aufregend und schön, man kann sich von seiner besten Seite zeigen und das wahre Ich mit seinen Stärken und Schwächen kommt noch nicht gleich zum Vorschein.

Die Herausforderung im Tal der Tränen liegt jedoch darin, an sich zu wachsen, nicht gleich aufzugeben, seine dunklen Seiten zu kennen, diese zu akzeptieren, sie zu verändern und selbstbewusst nach vorne zu schauen.

UNSERE INNEREN BEFÜRWORTER UND GEGNER

Sobald wir mit Veränderungen konfrontiert werden, nehmen wir eine bestimmte Haltung dazu ein. Wir haben unterschiedliche Erfahrungen gemacht, Positives wie Negatives erlebt und das hat uns über viele Jahre geprägt.
Je nach Prägung reagieren wir unterschiedlich auf Veränderungen. Sie erkennen Ihre Haltung und die Haltung Ihrer Mitmenschen an der Körpersprache, Gestik, Mimik und natürlich an Ihren Aussagen. Insgesamt gibt es sechs verschiedene Haltungen, die wir gegenüber Veränderungen einnehmen – auf den nächsten Seiten werden sie vorgestellt.

Doch Vorsicht: Die beschriebenen Haltungen sind keine Schubladen! Vielleicht geht es in Ihrem Kopf jetzt schon los: „Die Katrin bremst uns immer aus. Konrad mit seinen tausend Ideen. Hilla ist eine richtige Macherin." Das mag so sein, wir alle haben Vorlieben und Prägungen, sind Veränderungen gegenüber grundsätzlich offen oder skeptisch eingestellt. Doch es kommt immer auf die Veränderung an. Egal welche Haltung Sie einnehmen, es gibt einen bestimmten Grund dafür und je nach Veränderung kann sich auch unsere Haltung verändern.

Visionär:in

Die Visionär:innen lieben Veränderungen: Sie mögen es, wenn ständig etwas Neues passiert, sind kreativ, haben viele Impulse und bringen diese auch ein. Visionär:innen sind meist selbstbewusst, glauben an sich und ihre Fähigkeiten. Sie reden viel, tragen ihre Gedanken auf der Zunge und sprudeln vor Ideen. Die Ideen, die sie entwickeln, setzen sie jedoch selten selbst um. Das macht ihnen wenig Spaß, sie wollen kreativ sein, die Umsetzung dürfen andere machen. Visionär:innen brauchen viel Freiheit und Freiraum. Sie werden schnell unruhig, wenn nichts passiert.

Promoter:in

Promoter:innen mögen Veränderungen. Sie sind aktiv und wortgewandt. Sie können Menschen begeistern, motivieren und überzeugen. Wenn sie selbst hinter der Veränderung stehen, sind sie authentisch und scheuen keine Diskussion. Es macht ihnen Freude, Kritiker:innen zu überzeugen. Sie sind mutig und gehen auch gerne mal ein Risiko ein. Promoter:innen brauchen viel Freiraum und Gestaltungsspielraum. Sie mögen es, Macht auszuüben. Dies kann schon mal zur Manipulation führen.

Macher:in

Macher:innen stehen Veränderungen positiv gegenüber, wenn sie einen Sinn darin erkennen. Sie akzeptieren Veränderungen schnell und blicken nach vorne. Sie sind pragmatisch, packen an und finden Lösungen. Macher:innen sind aktiv und handlungsfähig. Sie wollen nicht wie die Promoter:innen in der ersten Reihe stehen. Sie sind lieber im Hintergrund und setzen die Ideen um, die die Visionär:innen entwickeln. Macher:innen brauchen einen klaren Rahmen, in dem sie Spielraum haben, und wollen Anerkennung für ihre Arbeit.

Skeptiker:in

Skeptiker:innen stehen Veränderungen an sich neutral gegenüber. Sie sind passiv, skeptisch und wollen die Veränderung verstehen. Deshalb stellen sie viele Fragen und brauchen Informationen. Sie beleuchten die negativen Seiten der Veränderung und weisen auf mögliche Fehler und Gefahren hin. Sie brauchen Zeit, größtmögliche Transparenz und müssen erst Vertrauen aufbauen. Wenn alle Fragen beantwortet sind, entscheiden sie, ob sie die Veränderung positiv oder negativ sehen. Skeptiker:innen sind im ersten Moment anstrengend, doch durch ihre kritische Haltung decken sie frühzeitig Stolpersteine auf, welche Visionär:innen und Promoter:innen übersehen.

Bremser:in

Bremser:innen stehen Veränderungen kritisch gegenüber oder lehnen diese sogar ab. Sie sind negativ eingestellt, befürchten Nachteile oder die Veränderung macht ihnen Angst. Manchmal sind sie auch einfach bequem und wollen ihre Komfortzone nicht verlassen. Veränderungen bringen Unruhe und Neuerungen in ihr Leben, sie lieben jedoch die Gewohnheit. Deshalb versuchen sie die Veränderung auszubremsen. Sie finden unzählige Argumente und beschreiben ausführlich, warum die Veränderung nicht möglich ist. Dafür verwenden sie ihre ganze Energie. Bremser:innen brauchen sehr viel Zeit, um eine Veränderung zu akzeptieren. Meist bleiben sie lange im Widerstand und sind nicht offen für Argumente.

Blockierer:in

Blockierer:innen halten nichts von Veränderungen, alles soll so bleiben, wie es ist. Dahinter stecken oft eigene Interessen. Dies würden sie jedoch nie offen äußern. Augenscheinlich sind sie offen für Veränderungen und befürworten diese. Sie sagen ihre Meinung nicht offen und finden für alles eine Ausrede. Im Hintergrund agieren sie jedoch gegen die Veränderung. In Teams fallen Blockierer:innen nicht gleich auf, sie tarnen sich gut. Doch nach einer Zeit entdeckt man sie und dann werden sie häufig ausgegrenzt. Sie sind nicht leicht von Veränderungen zu überzeugen und trauern dem Gewohnten ewig nach. Dabei nörgeln, boykottieren und stänkern sie gerne hinter vorgehaltener Hand.

ROLLEN KÖNNEN WECHSELN

Jetzt denken Sie vielleicht, es gibt hier die Guten und die Bösen. Dieser Eindruck sollte nicht entstehen. Alle sechs Haltungen sind in Ordnung und sind wichtig für den Veränderungsprozess. Jede Haltung hat ihre Berechtigung und ihre positiven wie auch negativen Eigenschaften. Keine Haltung ist richtig oder falsch. Visionär:innen und Promoter:innen wirken vielleicht im ersten Moment als erstrebenswert, doch mit ihnen allein würden Veränderungen nie bis zum Ende durchdacht werden. Die Skeptiker:innen sind wichtig für Veränderungen, denn durch sie werden Fehler und Schwächen im Vorfeld erkannt. Die Macher:innen setzen die Neuerungen in die Tat um und die Bremser:innen nehmen durch ihre Haltung das Tempo heraus. Durch sie werden wir zum Nachdenken gezwungen. Selbst die Blockierer:innen haben positive Eigenschaften, sie setzen Teamentwicklungsprozesse in Gang. Durch sie entstehen Konflikte im Team, die häufig jedoch auch „reinigend" wirken. Im Privaten dürfen Sie sich gerne von Menschen trennen, die ständig blockieren.

Beispiel: Ich mag das nicht

Leonie, eine aktive und kreative pädagogische Fachkraft liebt ihre Arbeit mit den Kindern und Eltern. Sie ist quirlig, bringt ständig neue Ideen ein, setzt Projekte um und macht Vorschläge, wie etwa die Gruppenräume neu zu gestalten. Ihr fällt immer etwas ein. Die Leitung schätzt ihr Engagement und bittet sie daher, an dem neuen Projekt *Verwaltungsabläufe optimieren* teilzunehmen. Dafür wird Leonie 5 Stunden pro Woche freigestellt, nimmt an Besprechungen mit dem Träger teil und soll ein Qualitätsmanagement initiieren. Das gefällt Leonie überhaupt nicht. Sie will mit den Kindern arbeiten und nicht in Besprechungen sitzen. Sie findet zehn Argumente, warum sie den Job nicht übernehmen will. Ihre Leitung kann dies nicht nachvollziehen.

Leonie ist grundsätzlich eine Visionärin und eine Macherin, sie hat Ideen und setzt diese auch um. Wenn es um ihre Arbeit als pädagogische Fachkraft geht, ist ihr nichts zu viel. Als sie jedoch administrativ arbeiten soll, wird sie zur Bremserin. Sie mag diese Veränderung nicht und möchte diese abwenden.

Das Beispiel ist auf jeden von uns übertragbar: In einer Veränderung, die uns gefällt und in der wir einen Sinn sehen, treten wir vielleicht als Promoter:in auf. Wir versuchen andere zu überzeugen und zu motivieren. Bei anderen Veränderungen sind wir skeptisch, beäugen diese kritisch und hinterfragen sie.

REFLEXION

WELCHE HALTUNG NEHME ICH EIN?

Denken Sie einmal an bisherige Veränderungen in Ihrem Leben, große oder kleine. Wie haben Sie sich da verhalten und was haben Sie gesagt? Waren Sie Visionär:in, Promoter:in, Macher:in, Skeptiker:in, Bremser:in oder Blockierer:in? Sie finden bestimmt einige Beispiele – zu welcher Haltung tendieren Sie? Sind Sie eher kritisch oder offen?

Welche Veränderung gab es?	**Welche Haltung habe ich eingenommen?**	**Woran erkenne ich dies?**
Neue Leitung	Skeptiker:in	Ich habe alles hinterfragt, war missmutig und schweigsam.

Was ist grundsätzlich meine Tendenz, wenn Veränderungen anstehen?

DIE NÄCHSTE VERÄNDERUNG KOMMT BESTIMMT

Wenn Sie nicht als Einsiedler:in, frei und ungezwungen, fernab von jeder Zivilisation leben, werden die nächsten Veränderungen nicht lange auf sich warten lassen. Denn unser ganzes Leben ist Veränderung – kaum haben wir uns mit einer Situation arrangiert, wartet an der nächsten Ecke Neues, was uns in seinen Bann zieht. Wir brauchen uns nur die Nachrichten vor Augen zu halten. Kaum ist die erste Nachricht verdaut, zieht schon etwas Neues am Himmel auf. Das gefällt uns oftmals nicht, aber so ist es halt. Üben wir uns in Gelassenheit, auch was die Veränderungen in unserem Leben betrifft!

VERÄNDERUNGSKOMPETENZ

Täglich stehen wir alle vor der Herausforderung, auf Veränderungen reagieren zu müssen. Mal sind es große und mal kleine Veränderungen. Und genau dafür sollten wir eine Veränderungskompetenz entwickeln. Je häufiger Sie Veränderungen durchleben, desto größer wird Ihre Kompetenz. Natürlich werden nicht alle Veränderungen Spaß machen. Sie werden Sie auch herausfordern und an Ihre Grenzen bringen. Doch es ist wichtig, dass Sie flexibel darauf reagieren können. Sie können begeistert sein und Promoter:in werden und Sie können auch mal Bremser:in sein. Welche Haltung Sie einnehmen, entscheiden Sie ganz alleine.

Es ist jedoch wichtig, sich eine gewisse Flexibilität und Offenheit zu bewahren, dann trifft Sie die nächste Veränderung nicht ganz so hart. Sie entwickeln schneller Routinen und können sich auf die neue Situation einlassen. Außerdem können Sie klare Entscheidungen treffen und sich reflektieren.

ÜBUNG

VERÄNDERUNGEN INITIIEREN

Trainieren Sie Ihre Veränderungskompetenz mit kleinen Veränderungen im Alltag. Nehmen Sie morgens einen anderen Weg zur Arbeit, probieren Sie mit den Kindern etwas Neues aus, verabreden Sie sich mit Menschen, die Sie schon lange nicht mehr gesehen haben. Es gibt viele Möglichkeiten, Veränderungen zu initiieren. Versuchen Sie es doch einmal.

Welche Veränderung möchte ich initiieren?

Warum will ich dies tun?

EINE VERÄNDERUNG KOMMT SELTEN ALLEIN

Natürlich sollen Sie nun nicht von Veränderung zu Veränderung springen. Halten wir uns immer vor Augen: Wir haben es in der Hand, was geschieht und wie wir uns verändern wollen. Das ist allein unsere Sache! Dann werden wir gelassener und werden auch uns selbst gegenüber geduldiger. Wir brauchen auch immer wieder die Ruhe und Stabilität, die wir in unserer Komfortzone finden. In dieser Zeit können wir Kraft schöpfen und uns für die nächste Veränderung stärken. Leider können wir dies nicht immer selbst steuern. Wenn Veränderungen von außen kommen, durchlaufen wir häufig sogar mehrere Veränderungskurven parallel. Wir sind vielleicht bei einer Neuerung gerade am Ausprobieren und schon tritt eine weitere Veränderung ein und wir befinden uns zeitgleich im Schockmoment. Sie können sich sicher vorstellen, welche emotionalen Turbulenzen dies auslöst. Da können uns die ganzen Veränderungen auch schnell über den Kopf wachsen und wir würden uns am liebsten verkriechen.

WENN ES ZU VIEL WIRD

Wenn Sie merken, dass es Ihnen zu viel wird, ziehen Sie die Reißleine. Nehmen Sie sich ganz bewusst eine Auszeit und tun Sie sich etwas Gutes. Ansonsten artet es in Stress aus. Sie fühlen sich getrieben, können nicht mehr klar denken, fühlen sich überfordert und werden krank. Hören Sie auf sich und Ihren Körper. Wehwehchen sind auch immer eine Botschaft unseres Körpers. Wir kennen doch alle diese Situation: Es geht mit einem Schnupfen los, Halsschmerzen gesellen sich hinzu und trotzdem sind wir noch auf der Alltagspiste. Und kurioserweise geht dann am nächsten Tag häufig gar nichts mehr. Dann hat uns unser Körper ausgebremst und letztendlich ist das auch gut so. Er signalisiert uns beziehungsweise zwingt uns, eine Pause einzulegen.

Veränderungen sind gut und wichtig, doch sie können uns auch an unsere Grenzen bringen. Wenn Sie bemerken, dass Ihnen alles zu viel wird, werden Sie aktiv. Suchen Sie sich Verbündete und Unterstützer:innen. Wenn wir mit anderen darüber reden, sehen wir vieles klarer. Wir bekommen neue Impulse oder auch wertvolle Tipps. Denn je umfangreicher die Veränderung, desto verblendeter ist man häufig. Man sieht dann vor lauter Bäumen den Wald nicht mehr.

REFLEXION

ICH TUE MIR GUTES

Nehmen Sie sich eine Auszeit und überlegen Sie, was Sie jetzt brauchen, damit es Ihnen besser geht und Sie für die kommende Zeit gut vorbereitet sind.

Wie geht es mir?

0	5	10
schlecht	mittelmäßig	gut

Was brauche ich, damit es mir besser geht?

Was kann ich mir ganz konkret Gutes tun?

NACHWORT

Veränderungen begünstigen nur den, der darauf vorbereitet ist.
(Louis Pasteur)

Große und kleine Veränderungen, gewichtige und unbedeutende Neuerungen – alle haben Einfluss auf unser Leben, denn sie haben etwas gemeinsam: sie bringen uns aus der Balance. Wir stehen fest im Leben, alles läuft in gewohnten Bahnen und dann bringt uns eine Veränderung aus dem Gleichgewicht. Wir werden unsicher, unser festes Fundament wird wackelig, gerät vielleicht sogar ins Wanken. Wir verlieren die Bodenhaftung und unser Alltag droht einzustürzen.

Was können wir dann tun? Wir können uns vor Veränderungen nicht schützen und sie auch nicht aufhalten. Wir können uns aber auf sie vorbereiten, uns mit ihnen arrangieren, uns auf sie einstellen, uns auf sie einlassen und ihnen mutig begegnen. Albert Einstein hat es seinerzeit auf den Punkt gebracht: „Das Leben ist wie Fahrrad fahren. Um die Balance zu halten, muss man in Bewegung bleiben."

Wenn wir in Bewegung sind, kann uns nichts so schnell aus der Bahn werfen. Wir sind aktiv, flexibel, können reagieren und die Richtung verändern. Dadurch können wir gestalten und werden nicht zum Opfer der Umstände.

Nehmen Sie sich ein Beispiel an einem Boxer. Er geht in den Ring, weiß nicht, was ihn erwartet, steht dort seinem Gegner gegenüber und versucht sich zu behaupten. Wie tut er das? Er swingt. Er bewegt sich leichtfüßig von einem Fuß auf den anderen, duckt sich weg, weicht aus, täuscht an und holt zum Schlag aus. Dadurch, dass er in Bewegung bleibt, hat er unbegrenzte Möglichkeiten und kann seinem Gegenüber mit Leichtigkeit begegnen.

Versuchen Sie dies doch auch einmal. Nehmen Sie das Leben leicht. Denn viele Veränderungen bringen etwas Positives mit, auch wenn man es auf den ersten Blick vielleicht nicht sieht. Wenn Sie sich im Tal der Tränen befinden, mag die Veränderung aussichtslos erscheinen. Gehen Sie jedoch jeden Tag einen kleinen Schritt nach vorne, erblicken Sie irgendwann das Licht am Horizont.

Sie haben mit diesem Buch einen wesentlichen Schritt getan: Sie stellen sich den Herausforderungen, Sie wollen reflektieren und Ihrem Veränderungsverhalten auf die Spur kommen. Das geht nie von heute auf morgen. Und das braucht es auch nicht. Schließlich sind wir dank unserer Lebenserfahrung dort, wo wir heute sind. Aber wir können uns verändern, wenn wir es für notwendig halten.

Sie haben sich mit mir auf die Veränderungsreise begeben, die zugleich ihre persönliche Route war. Halten Sie weiter Kurs, es lohnt sich!

Ich wünsche Ihnen Mut, Kraft, Durchhaltevermögen und das Selbstbewusstsein, Veränderungen positiv zu begegnen. Glauben Sie an sich, Sie können vieles bewirken.

Alles Gute und herzliche Grüße
Alexandra Karr-Meng

In dieser Reihe sind bereits erschienen:

Mehr Resilienz in meinem Kita-Alltag
Übungen, Impulse und Tipps für innere Stärke
Professionell und stark in der Kita
ISBN: 978-3-96046-201-9

Achtsam Stress bewältigen in meinem Kita-Alltag
Übungen, Impulse und Tipps für mehr Ausgeglichenheit
Professionell und stark in der Kita
ISBN: 978-3-96046-213-2

Klett Kita